教師が活用できる｜親も知っておきたい

ダウンロードできる
保護者シート
付き

発達が気になる子の学校生活における合理的配慮

鴨下賢一｜編著　池田千紗｜荻野圭司｜小玉武志｜髙橋知義｜戸塚香代子｜著
Kamoshita Kenichi, Ikeda Chisa, Ogino Keiji, Kodama Takeshi, Takahashi Tomonori, Tozuka Kayoko

中央法規

はじめに

　「合理的配慮」が制度として必要だと思い始めたのは、学校への訪問支援にかかわり始めた頃です。保育園や幼稚園では、その提案を受け入れる風土があり、実践され、子どもたちの生活が安定していき、さらに受け入れが広がっていくという良循環の環境がありました。

　一方の小学校では、「平等」という言葉のもとに、子どもの苦手なことも、他児と同じように行わせようとする場面を幾度となくみてきました。特別支援教育が始まり、「障害を理由とする差別の解消の推進に関する法律」(障害者差別解消法)が施行されても、通常学校では「合理的配慮」が行われることが少なく、それ自体を知らない教員も数多く存在しました。

　ある時、行政の方と話す機会があり「なぜ浸透していかないのですか」と尋ねると、「文書で通達し普及を図っているのですが……」とのお返事。そして現場の教員は、「国は特別支援教育をただ提案するだけ」と愚痴をこぼしているような状況でした。

　こうした現状で最も苦労するのは、発達が気になるお子さんとその親御さんたちです。不器用さがあり文字をうまく書けないけれど、撥ね払いができていないからと減点される子ども、繰り返し文字を書かされることで学習自体が嫌いになってしまう子ども。苦手な食べ物を食べ終わるまで食べさせられたり、強要されることで登校拒否になってしまった子ども。

　子どもたちは、決して怠けているわけではなく、「努力」してもできない機能的な理由がある場合があります。しかし、小学校からは皆と同じやり方でないと通知表がつけられないといわれることもあり、親のほうは子どもを責めたり、無理な努力を強いることになる結果、学習や親子関係までも立ち行かなくなってしまうのです。

　「平等」とは何なのでしょうか。その答えを導くのが「合理的配慮」です。合理的配慮を正しく把握することが「平等」の意味を正しく理解することにつながります。つまり、同じことをするのが「平等」ではなく、同じように生活を豊かに過ごせることが「平等」なのです。そのことを、本書を通じて理解していただけたら幸甚です。発達が気になる子どもたちが、社会参加できるために必要な力を身につけて、成長していけるために。

鴨下賢一
2020年6月

第1章
合理的配慮とはなにか

いま学校では、障害のある子への合理的配慮をおこなうことが重要になっています。
本書では、学校生活のなかで障害のある子の困難さを「感覚・機能の弱さ」として理解し、
合理的配慮の具体的な内容を考えていくための方法を、くわしく解説していきます。
第1章では、合理的配慮の根拠や視点、支援が必要な子どもの背景などを述べます。
合理的配慮とは、社会的な障壁(バリア)を取り除くための配慮のことです。
障壁を除去することによって、
障害のある子が他の子と平等に教育を受けられるようになります。

合理的配慮とは

1 合理的配慮は条約・法律で定められている

　2006年12月に国際連合の総会において、障害者の権利に関する条約が採択されました。障害を理由とする差別の禁止など、障害者の権利を守るための基本原則などが定められている他に、教育の分野においてはインクルーシブ教育システムの理念について提唱しています。我が国は、2007年9月に同条約に署名し、国内の関係法令などを整備して、2014年1月に批准しました。この条約の第24条には「障害者を包容するあらゆる段階の教育制度及び生涯学習を確保する」「個人に必要とされる合理的配慮が提供されること」と明記されています。

　また、2011年8月に改正された障害者基本法では、第16条第1項において「国及び地方公共団体は、障害者が、その年齢及び能力に応じ、かつ、その特性を踏まえた十分な教育が受けられるようにするため、可能な限り障害者である児童及び生徒が障害者でない児童及び生徒と共に教育を受けられるよう配慮しつつ、教育の内容及び方法の改善及び充実を図る等必要な施策を講じなければならない」と明記されています。

　これらを受けて、2012年7月に、文部科学省の中央教育審議会初等中等教育分科会が、「共生社会の形成に向けたインクルーシブ教育システム構築のための特別支援教育の推進」について、報告をまとめています。そのなかに「合理的配慮」「基礎的環境整備」が挙げられています。

　さらに、障害のある人が、障害のない人と平等に人権を享受し行使できるように、一人ひとりの特徴や場面に応じて発生する障害・困難さを取り除くため、2013年6月に「障害を理由とする差別の解消の推進に関する法律」(障害者差別解消法)が制定され、2016年4月に施行されました*。

2 障害のある人への「不当な差別的取扱い」の禁止

　障害者差別解消法では、「不当な差別的取扱い」を禁止しています。内閣府によると、障害のある人に対して、正当な理由なく、障害を理由として、サービスの提供を拒否すること、サービスの提供にあたって場所や時間帯などを制限すること、障害のない人にはつけない条件をつけることなどが、禁止されています。

　具体的には、障害を理由に「受験ができない」「不動産を貸さない」といったことが禁止事項に該当します。正当な理由があると判断した場合には、障害のある人にその理由を説明し、理解を得るように努めることが必要になります。

3 障害のある人への「合理的配慮」の提供

障害者差別解消法はまた、障害のある人に「合理的配慮」をおこなうことなどを通じて、「共生社会」を実現することを目指しています。

その人らしさを認め合いながらともに生きる共生社会では、障害のあるなしにかかわらず、同じ重さの命であるといった価値観を、あらためて、社会全体で共有していきます。

共生社会の実現を目指すために、「合理的配慮」を国や行政は義務として、民間事業者などは努力義務として、社会のあらゆる場面で提供しなければならないとされています。

「合理的配慮」とは、社会的な障壁（バリア）の除去の実施に必要な配慮です。障害のある人から、社会のなかにあるバリアを取り除くために、なんらかの対応を必要としている意思を伝えられたときには、負担が重すぎない範囲で対応することが求められます。

4 合理的配慮の例、負担が重すぎる場合の例

合理的配慮のわかりやすい例としては、車椅子に乗っている人が段差を乗り越えられるようにスロープを設置することや、視覚障害のある人に点字、聴覚障害の人に筆談を提供するといった対応があります。

それに対して、負担が重すぎる例としては、車椅子に乗っている人が階段が登れないことに対して、エレベーターを設置することは経済的に困難だというケースが考えられます。その場合には理由を説明し、代替案を提示するといった対応をとります。

5 「障害のある人」には、障害のある子どもも含まれる

障害者差別解消法の対象となる障害者は、障害者手帳のあるなしにかかわらず、身体障害のある人、知的障害のある人、精神障害（このなかには、発達障害や高次脳機能障害のある人も含みます）のある人、難病に起因する心や体の働きに障害のある人で、その障害や社会のなかにある障壁によって、日常生活や社会生活に制限を受けているすべての人です。もちろん、障害のある子どもも含まれます。

不当な差別的取扱いの禁止と合理的配慮の提供によって、差別なく社会生活を過ごし、教育を受けられたりすることで、子どものすこやかな成長がうながされます。そして、障害のある人とない人とがともに生活できる「共生社会」をつくっていけることになります。

そこで本書では、学校生活のなかでできる合理的配慮を紹介していきます。学校の教職員はもちろん、学齢期の子どもを育てる保護者にも参考にしていただける内容です。ぜひ本書で紹介する配慮の例を活用して、子どもたちが差別なく教育を受け、社会生活を送れるように、対応していってください。

＊「障害を理由とする差別の解消の推進に関する法律」［障害者差別解消法］や「不当な差別的取扱い」、
　「合理的配慮」についてくわしく知りたい方は、
　内閣府のウェブサイト［https://www8.cao.go.jp/shougai/suishin/sabekai.html］やパンフレットもご覧ください。

学校生活で考える合理的配慮の視点

1 学校生活における合理的配慮とは

　文部科学省は、学校における合理的配慮を『障害のある子どもが、他の子どもと平等に「教育を受ける権利」を享有・行使することを確保するために、学校の設置者及び学校が必要かつ適当な変更・調整を行うことであり、障害のある子どもに対し、その状況に応じて、学校教育を受ける場合に個別に必要とされるもの』であり、『学校の設置者及び学校に対して、体制面、財政面において、均衡を失した又は過度の負担を課さないもの』として、定義しています＊。

　　＊［中央教育審議会初等中等教育分科会「共生社会の形成に向けたインクルーシブ教育システム構築のための
　　　特別支援教育の推進(報告)」平成24年7月］より引用

2 学校生活における合理的配慮の例

　これまでの学校教育での「平等」は、すべての子どもが同じことをすると考えられていた面があります。しかしその「平等」は、本来の平等ではないことがわかります。

　すべての子どもたちが、その子にあった合理的配慮を受けられることにより、本来の平等な教育になるのです。

　学校生活の合理的配慮の例として、以下のようなことが考えられます。

物理的環境への配慮や人的支援の配慮
- 立位や歩行の不安定さに対して、トイレに手すりを設置すること
- 聴覚過敏の対応として、机や椅子の足に、テニスボールなどの緩衝材をつけて音がしないようにすること
- 文章を読むことが難しいときに代読すること
- 紙の固定や姿勢保持が難しい場合に、QデスクシートやQチェアマットを使うこと
- 定規の操作が難しい場合に、Qスケールを使うこと
- コンパスの操作が難しい場合に、Qコンパスを使うこと

［Qシリーズは**192**ページ参照］

意思疎通への配慮
- 知的障害に対して、言葉だけの指示ではなく、イラストや画像も利用すること

- 比喩的表現や二重否定などの理解が難しいことに対して、そのような表現を用いないで説明すること
- 緘黙に対して、筆談を活用すること
- 発声が難しい場合に、マカトンサインや手話を使用すること

ルール・慣行の柔軟な変更
- 体育の際のボール運動では、運動機能に応じた大きさや硬さのボールを使用すること
- 運動の耐久性にあわせた運動量の調整をすること
- 試験の際にパソコンの利用、音声読み上げ機能の使用を許可すること
- 体操着が苦手な場合に、似ている別の衣類で代用すること
- エプロンの紐を結ぶのが難しい場合に、被って着られるタイプのエプロンを使うこと

　このような配慮を受けられることにより、平等に学ぶ環境が整うことになります。
　本書では、上記のような合理的配慮の例を多数紹介しています。学校生活のなかで、合理的配慮が必要になりやすい場面を全81項目ピックアップし、それぞれの場面について、子どもの困難に「隠れた要因」と、それを踏まえた「視点」と、その視点から考えられる「合理的配慮の例」を解説しました。

平等

同じ環境でも平等に学べていない

合理的配慮

平等に学べる環境になっている

子どもの理解——苦手な要因

1 子どもの発達に深くかかわる11の感覚・機能

　合理的配慮の必要な子どもには、さまざまな感覚や機能、障害特性による苦手さが生じてきます。子どもの発達に深くかかわる主な感覚と機能として、以下の11種類が考えられます。

感覚

1 視覚

　「視覚」には視力だけでなく、目を自由に動かすための「視機能」と広い範囲の情報を把握する視野などの「視知覚機能」があります。
　ここに困難さがあると、動くものを正確にみることや、板書を書き写すこと、本を読むことなどに苦手さが生じることがあります。

2 聴覚

　「聴覚」では、単に音を聞くだけではなく、聞こえてくる音の方向や、同時に聞こえてくる音を聞き分けたりします。
　ここに困難さがあると、話し手の言葉を正しく聞き取ること、そして理解することに苦手さが生じることがあります。

3 前庭覚

　「前庭覚」は、体のバランスをとるために働きます。また、目の動きとも関係していて、動きながら周囲をしっかりと見続けることに役立っています。情緒との関係も強く、滑り台などの急激な刺激では興奮し、リズミカルな揺れでは落ち着いてきます。
　ここに困難さがあると、姿勢が崩れやすく、頭を動かしたときに視点が定まらなくなることもあります。また、物を見比べることに苦手さが生じることがあります。

4 味覚

　「味覚」は味を感じるセンサーであり、「旨味」「甘味」「塩味」「苦味」「酸味」があります。
　ここに困難さがある場合には、違った味に感じ取り、食べることに苦手さが生じることがあります。

5 | 嗅覚

「嗅覚」は、においや香りをかぎ分ける働きがあります。においは、感情や記憶との結びつきが強く、においをかぐことで、過去の経験を思い出したりします。

ここに困難さがあると、特定のにおいがする場所を拒否したり、食べることに苦手さが生じることがあります。

6 | 皮膚感覚

「皮膚感覚」には、「触覚」「圧覚」「痛覚」「温度覚」「痒覚」があります。この感覚は触れたら危険なもの、安全なものを感じ取り、体を守ることに働きます。また、情緒との関連性も強く、触れる対象によって安心感や不安感、恐怖感などさまざまな感情を抱きます。

ここに困難さがあると、触れたものを正しく認識しにくくなることで、体や手足をうまく動かすことに苦手さが生じることがあります。また、受ける刺激により情緒的に不安定になる場合もあります。

7 | 深部感覚

「深部感覚」には「関節覚(位置覚・運動覚)」「振動覚」「深部痛覚」があります。この感覚は体や手足の位置関係、動きを感じ取ることに働きます。また、重さを比べたり、触れる対象によって力加減を調整したりしています。

ここに困難さがあると、体を自由に動かすことが苦手になったり、物を扱うときに乱暴に扱っているように誤解される場合があります。

8 | 感覚処理パターン

これまでに挙げたすべての感覚ごとに「感覚処理パターン」が関係してきます。感覚処理パターンには、「低登録」「感覚探求」「感覚過敏」「感覚回避」の4パターンがあります。

低登録とは、通常の刺激では反応しにくい状態であり、部屋に人が入ってきても気付かない、声をかけられても気付かない、怪我をしても痛がらないなどがあります。

感覚探求とは、好みの感覚を求める行動であり、例えば前庭覚や深部感覚を求める結果、走り回ったり、座っているときに椅子をガタガタ揺らしたりする場合があります。

感覚過敏は、少しの刺激で過敏に反応することで、不安や恐怖を感じてしまいます。その刺激に対して自分から逃れることができないために、パニックや混乱した状態になることがあります。

感覚回避は、苦手な感覚が生じる場所から逃れたり、その場所に行かない状態になります。ざわついた部屋から出て行ったり、ジェットタオルのあるトイレに入れないなどがあります。

機能

9 | 高次脳機能

「高次脳機能」には、「運動企画」「空間認知」「言語機能」などがあります。

運動企画は、初めて経験する動きをするときに強く働きます。運動の順序を組み立て、動きの範囲や力加減、スピード、リズムやタイミングなどを調整して、イメージ通りに体を動かします。ここに困難さがあると、繰り返し行う単純な動きはできるのに、初めて行うダンスなどが行えないなどの苦手さが生じることがあります。

空間認知は、みたものを正しく認識する力です。いろいろと描かれている図形のなかの1つをみつけたり、平面に描かれた立体図形や、位置関係を把握する働きがあります。ここに困難さがあると、物を見つけ出したり、整理整頓、画数の多い漢字の書きに苦手さが生じる場合があります。

言語機能は、言葉を覚えたり、覚えた言葉を使ったコミュニケーションをとるときに働きます。相手の気持ちを理解することにも関係しています。ここに困難さがあると、聞き取り学習や対人関係に苦手さが生じる場合があります。

10 | 実行機能

「実行機能」には、「課題を効率的におこなう力」と「気持ちや行動をコントロールする力」があります。

課題を効率的におこなう力としては、計画を立てるための「計画立案」の力、その計画の「優先順位」を考える力、「時間管理」をする力などがあります。また、その課題に取り組む間、「作業記憶」をする力も実行機能の1つです。

気持ちや行動をコントロールする力として、苦手な課題に取り組むときの「反応抑制」「感情抑制」「自己監視」や、注意を持続したり切り替えたりする「注意機能」、普段と手順が異なっても「柔軟性」をもって対応する力などがあります。

ここに困難さがあると、しなくてはならないことが後回しになったり、課題を途中で中断して他の課題に移ってしまうことなどがあり、やりとげることに苦手さが生じる場合があります。

11 | 運動機能

「運動機能」には、「筋力」「持久力」「バランス(静的バランス、動的バランス)」「低緊張」「粗大運動」「巧緻運動」「両手動作」「協調運動」などがかかわります。これまでに説明した**1**から**10**の感覚・機能すべてが関係しています。

ここに困難さがあると、生活動作や運動課題に苦手さが生じる場合があります。

心理

　感覚と機能以外に、「心理」が苦手さの要因になっている場合もあります。人の気持ちを読み取る力のことを「心の理論」といいますが、その能力が弱く、相手の立場を想像できないことから、集団活動に困難が生じることがあります。また、失敗体験を繰り返すことによる「自尊心」の低下や、それによる「逃避」や「不安」。また固執（こだわり）などが、さまざまな活動に影響することもあります。

2 | 例えば「書くことの苦手さ」には、どんな要因があるか

　例えば「文字をうまく書くことができない」という困りごとがあった場合に、現れ方は同じでも、原因が異なれば、必要な配慮は変わってきます。

　書くことの苦手さの要因として、一般的には、手指や上肢機能の未発達による不器用さが挙げられます。しかしその不器用さにも、さらに視覚、皮膚感覚、深部感覚、感覚処理パターンの影響、高次脳機能、実行機能、運動機能などさまざまなことが関連しています。このように要因をよく考え、それに基づいた対応をしなければ、発達がうながされないだけでなく、子どもに失敗体験を積み重ねさせてしまう可能性があります。

　書くことの苦手さとしては、子どもが「漢字は読めるけれど、書くことは苦手」という場合に、ひたすら書く練習をしてもうまくならないことがあります。その場合には、要因として高次脳機能・空間認知の苦手さなどが考えられます。そこに焦点をしぼった支援が必要かもしれません。

　しかし、視知覚の支援をすれば年齢相当まで成長するのかというと、必ずしもそうと

図1●苦手さの要因となる感覚・機能・心理

感覚		**視覚**	視力、視機能、視知覚機能
		聴覚	
		前庭覚	
		味覚	旨味、甘味、塩味、苦味、酸味
		嗅覚	
		皮膚感覚	触覚、圧覚、痛覚、温度覚、痒覚
		深部感覚	関節覚［位置覚・運動覚］、振動覚、深部痛覚
		感覚処理パターン	低登録、感覚探求、感覚過敏、感覚回避
機能		**高次脳機能**	運動企画、空間認知、言語機能
	実行機能	課題を効率的におこなう力	計画立案、優先順位、時間管理、作業記憶
		気持ちや課題をコントロールする力	反応抑制、感情抑制、自己監視、注意機能、柔軟性
		運動機能	筋力、持久力、バランス、低緊張、粗大運動、巧緻運動、両手動作、協調運動、口腔機能
心理		**心理**	心の理論、自尊心、逃避、不安、固執

もいえません。書くことがどうしても苦手な場合もあります。その場合には、読むことや意味を学ぶことを重視し、書くことに関してはワープロ入力で正しく漢字を使えるようにしていくことも検討しましょう。

ものごとがうまくいかない原因を、努力不足ととらえ、ひたすら読み書きを繰り返すだけでは、失敗体験の繰り返しになってしまいます。子どもたちは、失敗体験を積み重ねると、そのことをしなくなっていきます。

3 困りごとを表面的にみるのではなく、その要因をみる

他にも、表面的には「教室で落ち着いて過ごせない」という困りごとであっても、原因は「特定の音が苦手」ということもあります。紙を配る音や、椅子を動かす音、特定の友達の声など、他の子はなにも感じない音を、極端に苦手としている子もいます。

困りごとの要因として、家庭での生活習慣がかかわっていることもあります。基本的な生活習慣が整っているか、とくに睡眠リズムが整っているかどうかが、重要になります。また、朝食を食べられているかどうかも、学校での活動に影響します。

このような視点をもって、子どもにとっての苦手さに対して、その原因にあった対応をすることがとても大切になります。適切な対応でない場合には、二次障害を引き起こしてしまうこともあり、不登校に結びつくことも少なくありません。子どもがうまく生活できない、学ぶことができないといった困りごとには、それぞれの理由が必ずありますので、要因を考える視点をもって、適切な対応と合理的配慮を検討してください。

合理的配慮を伝える
保護者シートと活用法

1 合理的配慮実施までのプロセス

　2017年3月に文部科学省が「発達障害を含む障害のある幼児児童生徒に対する教育支援体制整備ガイドライン」を示しました。そのガイドラインには、校長(園長)がリーダーシップを発揮して校内委員会を設置し、「児童等に対する合理的配慮の提供について、合意形成に向けた本人・保護者との建設的対話を丁寧に行い、組織的に対応するための校内体制を整備する」ことが書かれています。

　ここで、合理的配慮実施に向けて、学校や園と本人・保護者が建設的対話をおこなうためのポイントをみていきましょう。

　学校で合理的配慮を実施するためには、最初に本人・保護者による意思の表明が必要となります。本人・保護者の意思表明があったら、担任もしくは特別支援教育コーディネーターが窓口となって詳細を聞き取り、校内委員会での検討が始まります。本人・保護者と学校側は協議を重ね、合意形成のうえで、合理的配慮の実施内容を決定し、個別

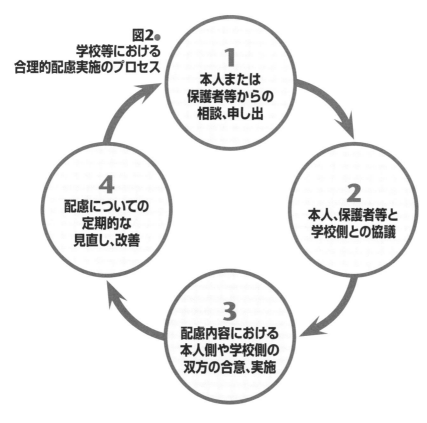

図2●
学校等における
合理的配慮実施のプロセス

1 本人または保護者等からの相談、申し出

2 本人、保護者等と学校側との協議

3 配慮内容における本人側や学校側の双方の合意、実施

4 配慮についての定期的な見直し、改善

の指導計画や個別の教育支援計画などに反映していきます。

　特別支援教育を必要とする子どもには、個別の指導計画や個別の教育支援計画が作成されることになっています。個別の教育支援計画は、他機関との連携をはかるための長期的な視点に立った計画です。学年が変わっても引き継がれるため、合理的配慮を明記しておくと、継続した支援を受けることが可能となります。

　合理的配慮については、定期的な見直しがおこなわれます。教育的ニーズに応じた合理的配慮を本人・保護者と学校側で話し合いながら、必要に応じて内容を変更していきます。

2 保護者シートの活用について

　前述のように、合理的配慮は障害のある当事者の権利です。基本的には、当事者側からの意思表明が必要となります。

　しかし、当事者側が必要とする配慮事項について、口頭で学校に伝えるだけでは、うまく理解されない場合もあるでしょう。そこで、学校側に適切に理解してもらうための道具として、本書では「保護者シート」を用意しました。本書の第2章では、合理的配慮を要する場面を多数紹介していますが、その場面ごとに保護者シートの記入例を作成し、ダウンロードできるようになっています［ダウンロード方法は**190ページ参照**］。この記入例を参考にして、本人・保護者の意思をシートの形にまとめ、学校に提出しましょう。

　合理的配慮の内容は「学校の設置者及び学校に対して、体制面、財政面において、均衡を失した又は過度の負担を課さないもの」［**10ページ参照**］とされています。例えば、本人側がエレベーターの設置を希望しても、予算的に困難な場合があります。本書の保護者シートの記入例で示した内容であっても、学校側の体制などによっては負担となるものがあるかもしれません。保護者シートをもとに、子どもに必要な合理的配慮について、学校側に大きな負担がなく、かつ、継続して実施できる内容を話し合っていくというスタンスも大切です。

　また、例えば心疾患を起因とする運動制限があるために、体育の参加の仕方を検討したいというときには、医師の診断書などが求められる場合もあります。

3 保護者シートの記入のポイント

　記入例が示す内容は、子どもたちに必要とされる合理的配慮の一部です。記入前のシートと記入例のエクセルデータもダウンロードできますので、本人にあわせて内容をカスタマイズするとよいでしょう。

　以下に、保護者シートの各項目について、記入する際のポイントを示しました。

｜「1.子どもの困難さについて」

　学校生活において、普段からの困りごとや、つまずいている内容を具体的に記載します。

図3●
保護者シートの記入例

小学校　　年　　組　　番	氏名：

1.子どもの困難さについて

登下校時の集団登下校が苦手です。
お友達と一緒に登下校することができません。

2.希望する合理的配慮

説明するときに、わかりやすく図示してください。
仲の良い友達と手をつないでもらうようお願いします。

3.合理的配慮をする必要性について

説明を言葉だけで理解することが苦手なので、図などを見せながら説明してもらうと
わかりやすくなります。理解できない状態で歩き始めると、
思いもよらないところで立ち止まったり、曲がろうとしてしまうので、危険があります。
図によって道順や行うべきことが理解できれば、自分で気をつけられることや、
周囲の状況に注意をすることができるようになります。
また、よく一緒になるお友達と手をつなぐことで、
突然駆け出したり、道を間違えそうになることを未然に防ぐこともできます。

4.学校・クラスへの配慮

登下校を対応する教員が使用する図などは統一したものをお願いします。
クラスメイトには図で説明が必要なことや、
手をつなぐことが幼いから必要ということではない、という認識の説明をお願いします。

5.その他

「2.希望する合理的配慮」「3.合理的配慮をする必要性について」

日頃、家庭で実施している療育方法などがあれば記載します。保護者が記載することが困難な場合には、療育機関や作業療法士などに相談して記載するとよいでしょう。

「4.学校・クラスへの配慮」

クラス担任や、担任が休んだときに代替えの教師がかかわることがあります。そのため、子どもにかかわる教師などすべてに周知してもらう事柄を記載するとよいでしょう。授業中だけでなく、登下校や集会など、全体にかかわる内容であれば、学校全体に周知してもらうように記載します。

例としては、偏食、挨拶が難しい、吃音、発表が苦手、集団が苦手、苦手な感覚(音や汚れなど)への配慮があります。無理解により困難な活動を無理強いされることで、登校の行き渋りになる場合があり、それを予防する必要があります。

クラスメイトへの合理的配慮の説明としては、対象となる子だけが特別なのではなく、すべての子にそれぞれへの配慮が必要であるということ、合理的配慮は全員にかかわる内容だということを伝えてもらい、クラスで受け入れられるように、依頼しましょう。

「5.その他」

特別支援教育を受けている場合には、個別の教育支援計画に記載してもらうことを希望します。それによって、学年が変わっても情報が引き継がれるようになります。

第2章
第2章 学校生活における合理的配慮の実践

第2章では、学校生活のなかでできる合理的配慮の事例を具体的に紹介していきます。
授業やテスト、給食、掃除、行事、登下校といった場面ごとの例から、
図工や家庭科、音楽、体育など教科別の配慮の例まで、さまざまな内容をとりあげました。
項目ごとに、子どもの困難に「隠れた要因」を解説し、
それぞれの要因にあった「合理的配慮の例」を解説しています。
合理的配慮を考えるときの視点や対応として活用してください。

集団登校[下校]ができない

いつも声かけをしないと
違う道に行ってしまう
⋯⋯⋯⋯⋯⋯⋯⋯⋯⋯⋯⋯
人が集まるまで待てない
⋯⋯⋯⋯⋯⋯⋯⋯⋯⋯⋯⋯
体育や音楽でいつも違うことをしている
⋯⋯⋯⋯⋯⋯⋯⋯⋯⋯⋯⋯
ワンテンポ遅れて行動する

隠れた要因

マイペースになりやすく、注意もそれやすい

衝動性が高く、我慢できない ［実行機能●反応抑制］	**注目するポイントに気付きにくい** ［実行機能●注意機能］	**なにをするかを言葉で理解するのが難しい** ［高次脳機能●言語機能］	**人に近づかれることが苦手** ［感覚処理パターン●感覚回避］

視点

　集団登校・下校の苦手さには、実行機能や高次脳機能が関係しています。

　実行機能が弱い場合、時間になるまで待てないために1人で行ってしまったり、他の人のペースにあわせることができないために1人でゆっくり、もしくは素早く行ってしまったりします。その他にも、興味があることに対して衝動的に行動してしまい、途中で道をそれたり、曲がり角や信号などで危険にさらされたりすることがあるかもしれません。

　また、先生の指示を正しく理解できていないまま、周囲の様子をみて行動しようとすることがあります。登下校だけでなく、体育や音楽などの授業中にも、どうすればよいかわからず、立ち尽くす場面がみられるでしょう。

　人に近づかれることが感覚的に苦手で、1人で帰ろうとする子もいます。先生は自分勝手な行動をするという考えではなく、集団での行動では注意がそれやすい、注目をしにくいという考えで接しましょう。

合理的配慮の例

ペアや4人組をつくる

集団のなかにペアや4人組など、お互いに意識し合える小集団をつくるとよいでしょう。
注目すべき他者が明確になることで、
集団行動をする際にお互いの意識が高まり、行動を統制しやすくなります。

通学路の変更を相談する

特定の場所で注意がそれやすかったり、
衝動的な行動がみられる結果、
本人に危険が生じる場合は
通学路の変更を学校に相談してみましょう。
子どもの行動を無理に抑制するのではなく、
刺激的な場所を避けることで対処します。

視覚的な教材を使う

登下校のコースや決まりごとなどを説明しても
理解するのが難しい場合には、
視覚的な教材を利用します。
教材をみれば何度でも確認できるため、
聞き直しや聞きもらしが減ります。

上着をハンガーに掛けられない

衣服を広げることができない
羽織る衣服を自分で着ることが難しい
ランドセルを背負うことができない
ボタンの掛け外しが難しい

隠れた要因

構造を理解できていないから、うまく扱えない

| 服の形を
整えることが
できない
［高次脳機能●空間認知］ | 服の構造を
理解
できていない
［高次脳機能●空間認知］ | 両手を
うまく
使うことが
できない
［運動機能●両手動作］ | ハンガーに
上着を掛ける
手順が
わからない
［実行機能●計画立案］ |

視点

　ハンガーに上着を掛けられない原因として、空間認知の弱さにより、服を広げて形を整えることが難しいということが考えられます。また、自分で羽織る衣服を着る際も、袖に手を通すことが難しいなど、服の構造が理解できていない場合があります。衣服の形を整えられる力と、衣服の前後や裏表、襟についているタグ、手を通す穴などを理解する力の両方が必要になります。

　また、ハンガーを持ちながら衣服の袖にハンガーを通すというような、空間で操作する両手動作が苦手な場合もあります。その場合、ランドセルを背負うこと、ボタンの掛け外しをすることなども難しくなります。

　衣服を扱うことの「理解の難しさ」や「動作の難しさ」から、上着を掛ける一連の手順がわかっていない場合もあります。練習の手立てを用意したり、朝の身支度の時間でできるやり方を子どもと一緒に考えたりしてみましょう。

合理的配慮の例

上着を箱に入れる

朝の身支度に時間をかける余裕がない場合は、
箱を準備して、
上着をそのなかに入れて片付けるようにします。

壁かけフックに掛ける

襟についているタグを使って、
壁に取り付けてあるフックに掛けるようにします。
両手でタグを持ち、
輪をつくってフックに通すようにします。

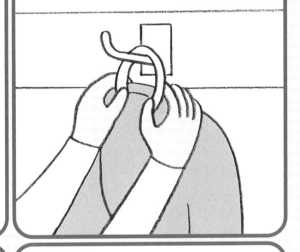

椅子に掛ける

ハンガーを使う場合、持ち替えなどの複雑な動きが
どうしても必要になります。ハンガーではなく、
椅子に上着を掛けてもよいでしょう。
椅子の背もたれの左右と、
上着の左右に同じ色の印をつけておくと、
目印になります。上着の目印は内側につけます。

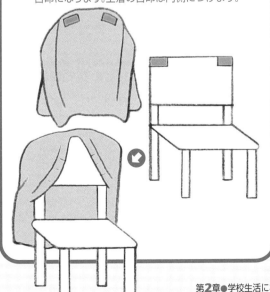

机に上着を置いて
ハンガーを掛ける

机の上で上着の形を整えてから、前を開き、
ハンガーを置いて肩先を左右それぞれの穴に入れます。
再度前を閉じて、フックを上に引っ張り上げながら
持つようにします。毎回声かけが必要になる場合は、
手順書を用いるとよいでしょう。

❶
上着を置く

❷
前を開く

❸
ハンガーを置く

❹
前を閉じる

x

物品の管理ができない

> よく物をなくしてしまう
> 机のまわりに物が散乱している
> 指示が通りにくい
> ぼーっとしている

隠れた要因

物の量が多くなると、管理が難しくなる

いま するべきことを 忘れてしまう [実行機能●作業記憶]	片付ける場所や 手順が わからない [実行機能●計画立案]	不器用で、 うまく 片付けられない [運動機能●巧緻運動]	空間が うまく とらえられない [高次脳機能●空間認知]

視点

　不注意によって別のことに気をとられ、必要な情報に焦点があたらず、いまするべきことを忘れてしまうところがあります。また、計画立案が弱く、片付ける場所や手順がわからないということも考えられます。手先の細かい動作が苦手なために、道具を揃えて片付けることが難しかったり、プリントがたためずにぐちゃぐちゃになってしまう子もいます。空間がうまくとらえられないことで、物の上に物を置いたり、物が入りそうもない隙間に物を突っ込んだりして、その結果、机の上が散らかったり物が落ちたりする場合もあります。

　周囲からは「だらしがない」などと思われがちですが、わざとそうしているわけではないことを理解しましょう。注意を繰り返されたり、叱責されることで、「自分はダメな人間だ」と自分を責めてしまうことがあります。

合理的配慮の例

持ち物に手がかりをつける

持ち物には、子どもの名前や
本人が気に入っているシンボルマークなどをつけます。
それが手がかりとなり、持ち物を認識しやすくなります。

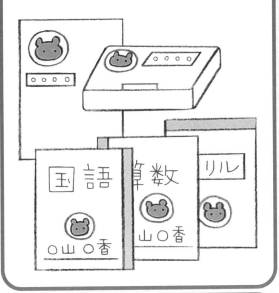

持ち物の量を減らす

持ち物が多いと、物が散乱・紛失しやすくなります。
持ち物は必要最低限の量にして、
机の上も、その時に使う教科書・ノートだけを
出しましょう。

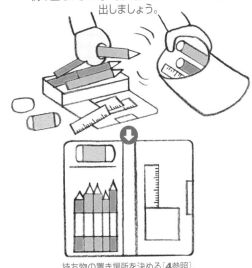

持ち物の置き場所を決める[**4**参照]、
スペアを準備する[**5**参照]といった対応も有効です。

持ち物を移動させない

家と学校で持ち物を行き来させなくてもすむように、
学校に置いておけるものは置いておくようにします。

落とし物入れをつくる

教室に落とし物入れを用意して、
全員で落とし物をそこに入れるようにします。
帰りの会などで落とし物の確認をして、
持ち物の管理をサポートします。

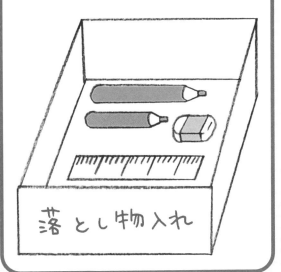

机のなかの整理ができない

> 机の上やなかを散らかしてしまう
> 配布物がくしゃくしゃになってしまう
> 物をなくしたり、忘れたりする

隠れた要因

管理の難しさに空間認知の弱さもかかわっている

不器用で、うまく片付けられない [運動機能●巧緻運動]	片付ける場所や手順がわからない [実行機能●計画立案]	注意が散漫で片付けられない [実行機能●注意機能]	空間がうまくとらえられない [高次脳機能●空間認知]

視点

　「物品の管理ができない」[3参照]場合と同様に、運動機能や実行機能の弱さが考えられます。
　不器用さによって、配布物をうまくたたむことや、教科書・ノートを揃えて引き出しのなかに入れることが難しくなる場合があります。実行機能が弱い場合には、どの手順でどのように片付ければよいかがわからないところがあり、机のなかにとりあえず、物を突っ込んでしまっていることがあります。不注意で片付けられなくなるというのも、物品の管理ができない場合と同様です。
　また、机のなかの整理ということでは、空間認知の弱さによって、どこになにを収めればよいかがわからなくなっていることも考えられます。

合理的配慮の例

教科ごとにファイリング

教科ごとにファイルを準備して、
教科書やノート、プリントを入れるようにしましょう。
プリントを受け取ったらファイルに綴じるか、
ノートに貼るという習慣をつけます。

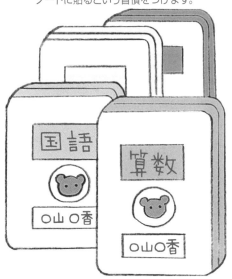

机のなかの物を減らす

机の引き出しには基本的に筆箱と、
次の授業で使うファイル[左記参照]だけを
入れるようにします。
その他の物は、ランドセルに入れておきます。

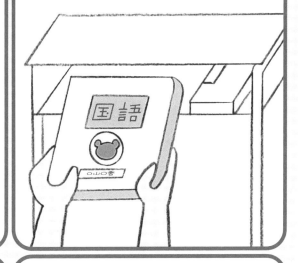

配布物は連絡袋に入れる

保護者への配布物は
連絡袋に入れて持ち帰るようにします。
それができるように、
配布物を入れるところを見届けます。

置き場所を決めて視覚的に示す

筆箱や道具箱、教科書・ノートなどを入れる場所を、
写真やイラストを用いてわかるようにします。

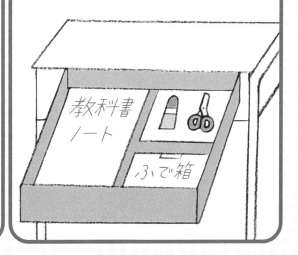

5 忘れ物が多い

> 宿題や友達との約束を忘れる
> 指示が聞けていないことがある
> 板書ができない

隠れた要因

持ち物を覚えたり、メモをするのが難しい

聴覚的な記憶の弱さ	書くことへの苦手さ	メモすることを忘れてしまう	優先順位がわからなくなる
［実行機能●作業記憶］	［運動機能●巧緻運動］	［実行機能●注意持続］	［実行機能●優先順位］

視点

　忘れ物が多い子には、必要な物を覚えていられない、メモをとれないといった様子がみられます。その背景として、不器用さ、実行機能の弱さがかかわっています。

　聴覚的な短期記憶の弱さがあると、口頭で持ち物を伝えられても、すぐに忘れてしまうことがあります。そのタイプの子は、友達との約束を覚えることも難しくなりがちです。

　指示されたことに対して、巧緻運動の弱さから、書くことが苦手でメモをとることができないという子もいるでしょう。この場合、忘れ物が多くなるだけでなく、板書をとることも苦手になります。

　不注意がある場合には、目の前のことに気をとられて、メモすること自体を忘れたり、書き留めたメモをなくしたりします。実行機能が弱いために、優先順位がわからなくなって、やるべきことに意識が向きにくいというケースもあります。

合理的配慮の例

持ち物と
予定のチェックシートを
つくる

先生が次の日の持ち物と予定の
チェックシートをつくります。
子どもはそれを持ち帰り、
保護者と一緒にみながら準備をする習慣をつけます。

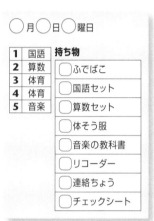

○月○日○曜日

		持ち物
1	国語	☐ ふでばこ
2	算数	☐ 国語セット
3	体育	☐ 算数セット
4	体育	☐ 体そう服
5	音楽	☐ 音楽の教科書
		☐ リコーダー
		☐ 連絡ちょう
		☐ チェックシート

目に留まりやすくする

ランドセルのカバー裏にチェックシートを入れて、
ランドセルを開けたら
必ずシートがみえるようにします。
机の上に付箋でメモを貼って
いつも目に入るようにしておくのもよい方法です。

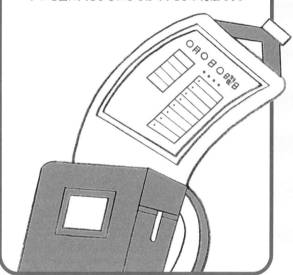

メモ用のボードを準備する

持ち物や予定をメモする時間を設けます。
また、持ち物や予定の指示は
いつも決まった位置に書くようにしましょう。
専用のボードを準備すると、
子どもが確認しやすくなります。

スペアを準備する

鉛筆や消しゴムなど、スペアが準備できるものは
あらかじめ用意して、学校に置いておきましょう。

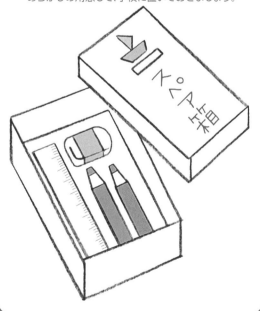

6 朝の準備・支度 授業開始に着席できない

> いつも着席が遅れる
> 時計が読めない
> 集中しすぎて状況を把握できない
> 授業が始まっても落ち着かない

隠れた要因

先生の指示や時間に意識が向きにくい

注意の仕方の偏り [実行機能●注意機能]	時間の感覚がつかめない [実行機能●時間管理]	刺激を求めて落ち着かない [感覚処理パターン●感覚探求]	物品の管理が苦手 [3参照]

視点

　授業の開始時に着席できない場合、指示の理解や行動の優先順位を考えるのが難しいことや、注意の偏りがかかわっていることがあります。周囲の様子に注意が向いてしまって着席できない子もいれば、逆に過集中によって、まわりの状況に気付けないという子もいます。

　また、時間の感覚がつかめていないために、混乱しやすい場合もあります。時計が読めない、曜日ごとの時間割りを把握しにくいといった課題があり、そのために、いつなにをすればよいのかがわかりにくく、それが着席の難しさにつながっているというケースです。

　また、授業が始まっても落ち着きなく動き回っている場合には、脳が刺激を求める感覚探求の特徴があることも考えられます。

　物品の管理が苦手[3参照]でいつも整理整頓ができていないため、授業に必要なものをすぐにみつけることができず、時間がかかってしまって、授業開始時に席に座れないということも考えられます。

合理的配慮の例

予定を視覚的に示す

予定を口頭で指示するだけでなく、
視覚的にも示しましょう。
指示出し用のホワイトボードを
いつも同じ場所に掲示すると、気付きやすくなります。

始まる前に予告する

授業の前に、何時から始めるかを予告します。
時計が読めない子には、
視覚的タイマーなどの
「時間の量がみえるタイマー」を使い、
音が鳴ったら授業を始めることを説明します。

座席を工夫する

座席を最前列など、
刺激の少ないところにするのもよいでしょう。
周囲にお手本となるような子どもを配置するのも
有効です。

体を動かす時間を設ける

感覚探求が要因になっている場合、
授業の前にジャンプや片足立ちなどの運動で
しっかりと体を動かし、ウォーミングアップをすると、
切り替えやすくなります。

7 授業中 ぼーっとしている

> ノートや黒板に注目できないため、
> いつも声かけが必要
> 指示が聞こえていないかのように振る舞う
> 課題に取り組むまでに時間がかかる

隠れた要因

覚醒の低さや反応の弱さが考えられる

覚醒が低い ［感覚処理パターン● 低登録］	**疲れやすい** ［運動機能●持久力］	**周囲の環境に 気が散って 集中 できていない** ［実行機能●注意機能］	**刺激に対する 反応が弱い** ［感覚処理パターン● 低登録］

▶ 視点

　一見、ぼーっとしているような様子でも、背景はさまざまです。まず、そもそもの覚醒が低い状態で、ノートや黒板を意識的にみることができない場合があります。その他に、前の授業によって疲れやすい場合や、あとの授業に意識が向いてしまい、いまおこなっている内容に集中できない場合もあるでしょう。窓際であれば窓の外、廊下側であれば人の足音など、環境刺激に影響されることもあります。授業中の指示（刺激）に対して反応が弱いことから、ぼーっとしてみえるという子もいます。

　一過性のものであれば日による変動がみられるため、しっかりと比較検討しましょう。体力的な問題であれば、日が経つことで解決するかもしれません。それ以外に背景が隠されている場合には、先生はやる気がないととらえるのではなく、注意が向きにくいと理解して、配慮について考えましょう。

合理的配慮の例

覚醒状態を高めるために運動を取り入れる

覚醒状態が低い場合は、
体を動かすことで覚醒状態を高めましょう。
教室内に運動スペースを設けて
トランポリンなどを設置するのもよいのですが、
難しい場合は黒板に解答を書いてもらうなど、
体を動かせる工夫をしましょう。

前の授業に配慮する

体力を使う授業のあとは、
課題への集中力が低下しやすくなります。
負荷量の少ない課題をおこなうなど、
心理的な疲れを軽減する工夫をしましょう。

あとの授業に配慮する

あとに楽しい授業が控えていて、
気を引かれている場合には、
現在の授業の課題を明確にします。
課題のゴールを示して、
注意がそれてしまうことを予防していきます。

刺激に対する反応を高める

授業内容や課題に注目できるように、
例えば理科で鳥や虫の鳴き声を
音響教材として使用したり、
社会でスーパーマーケットの映像を
教材として利用するのもよいでしょう。

8 授業中 授業中に話してしまう

常に話をしていて、じっとしていることが苦手

活動している最中も椅子や机を
ガタガタと動かしている

ちょっとしたことで怒ってしまう

始まりと終わりの切り替えが苦手

隠れた要因

計画性をもちにくく、ついしゃべってしまう

衝動性が高く、我慢することが苦手 [実行機能●反応抑制]	優先順位を決めることが苦手 [実行機能●優先順位]	課題を達成するための情報を整理することが苦手 [実行機能●計画立案]	いまやるべきことが理解しにくい [実行機能●自己監視]

視点

　授業中に話してしまう背景には、さまざまな要因が隠されています。どの子にも多少の私語はみられますが、何度も授業の進行を遮るほどのときには、なんらかの配慮をすることが必要です。

　自分から話をすぐに始める場合には、行動を抑制することが難しいために、その場で思いついたことをいったり、それを注意されて怒ってしまったりする場合が考えられます。また、課題をやるべき時間でも、計画性をもつことができず、話をしたいという欲求を優先させている場合もあるでしょう。板書や課題の内容をうまく整理できないために、授業への集中力を失ってしまうこともあります。子どもによっては、わからないことを素直に聞けず、周囲に話しかけながら、課題の答えが示されるのを待っている場合もあるかもしれません。

　そのような背景から、周囲に話をすることで課題に取り組むことから逃避しているようにみえる子や、気持ちが落ち着かずに椅子や机をガタガタと動かす子、切り替えが苦手にみえる子もいます。

合理的配慮の例

「なにをする時間なのか」を示す

声かけをして、いまなにをすべき時間なのかを
ときどき振り返るようにしましょう。
また、黒板に信号の形のボードを掲示し、
青は「話してよい」、
黄色は「小さな声で話す(話し合いなど)」、
赤は「話さない」と示すのもよい方法です。

活動の切り替えのタイミングでベルを鳴らしたり
合図を出すのも、よい方法です。
人が発言するとき、先生が話し始めるときなどに、
ベルや合図で一度気持ちを引きつけ、
おしゃべりをやめるタイミングをつくります。

課題の範囲や手順を
可視化する

一斉指示だけでは、
課題の手順を正しく理解できない場合もあります。
いまやるべき箇所、どこまで行うのか、
できたら手をあげるのか静かに座っているのか、
行動を可視化しましょう。

話す順番・内容を
明確にする

授業には、先生が問題を出す場面、
他の子が答える場面などがあり、
場面によって話す人が代わります。
「誰が話す番なのか」「なにを話すのか」を示して、
聞くポイントを明確にするのもよいでしょう。

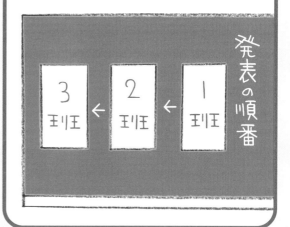

9 授業中 独り言をいう

> 頭のなかで考えることが苦手
> 思いついたことをそのままいってしまう
> 他者の気持ちを読み取るのが苦手

隠れた要因

考えを言葉にして、確認している場合がある

聴覚的に確認しながら課題をおこなっている ［実行機能●作業記憶］	衝動性が高く、我慢することが苦手 ［実行機能●反応抑制］	社会的ルールを理解できていない ［高次脳機能●言語機能］	他者の心情理解が難しい ［心理●心の理論］

視点

ワーキングメモリが弱い場合、考えを頭のなかだけで整理できず、つい声に出しながら考えることがあります。思考を言語化し、アウトプットしながら課題をおこなっている可能性があります。

また、衝動性が高く、行動のコントロールが苦手なために、思ったことがそのまま言葉として発せられている場合もあります。

「授業場面」に存在する社会的ルールが理解できていない場合には、「授業中には独り言をいわない」というルールを明確にしておく必要があります。

他者が課題をおこなっている最中に悪気なく話してしまっている場合、自分の行動によって他者がどのように感じているかを想像するのが難しいことが考えられます。

合理的配慮の例

環境の配慮

声のボリューム表

ワーキングメモリが関連している場合には、
声の大きさに気をつけられるように、
小さい声で話すためのボリューム表などを
視覚的に確認できるようにしましょう。

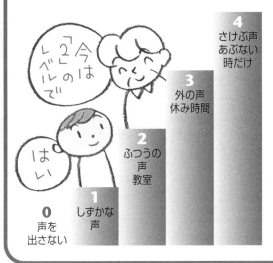

環境を整える

まわりの子に気をとられないように、
座席の配置を工夫しましょう。
例えば前列中央に配置することで、
黒板に注目しやすくなり、
先生とのコミュニケーションもとりやすくなります。
前列の端に配置し、
卓上の個人用パーティション[67ページ参照]を
置く方法もあります。

ルールを可視化する

「授業中は先生の話を聞く」「授業の課題に取り組む」
「友達と一緒に考える」などのルールを、
子どもにとってわかりやすく伝える工夫をしましょう。

問題を解く

友達と一緒に考える

先生の話を静かに聞く

別室でクールダウン

授業中に興味のあることに対して
どうしても反応抑制が難しいようであれば、
別室などでクールダウンできるようにしましょう。

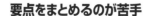 10 授業中 延々と長く話す

要点をまとめるのが苦手
質問にどう答えてよいかわからない
話しているうちに質問を忘れてしまう
知っていることを全部話したい

隠れた要因

話したいことや聞かれていることの整理ができていない

ワーキング メモリが 弱い [実行機能●作業記憶]	話を端的に まとめることが 苦手 [実行機能●計画立案]	質問の意図が 理解できない [高次脳機能●言語機能]	途中で 切り替える ことが苦手 [実行機能●柔軟性]

視点

　ワーキングメモリが弱い場合、内容をまとめてから話すことができず、本人もなにについて話しているのかが不明確になりながら、延々と話していることがあります。

　また、話をまとめるためには、内容の大部分を理解し、重要な点とそうではない点を整理する必要があります。そうした計画立案が苦手な子もいます。

　他にも、最初の話題に関連した自分自身の体験や知識を伝えたいがために、質問の主旨とは異なる内容を次から次へと展開してしまうこともあります。そのように、自分の興味のあることをたくさん伝えることが、必ずしも他者に望まれているわけではないということにも、気が付きにくいかもしれません。

　話し始めると最後まで話したくなってしまい、途中で話題や他者の興味が移り変わっていることに気が付かないというケースもあります。

合理的配慮の例

事前に考える時間をとって、話したいことを紙に書き出す

発表の授業の前に、自己学習の時間を設けます。その時間に「発表で話すテーマ」「伝えたいこと」などについて、子どもと先生で話し合い、紙に書き出します。書き出すことで話を整理しておいて、発表の授業に備えるイメージです。最初は先生が書いてまとめ、いずれは子どもが自分でも書けるように、少しずつ教えていくとよいでしょう。

話す時間を明確にする

子どもに「自分が話す時間」「相手が話す時間」を明確に伝えます。
自分が話すことができる時間がわかると、見通しを立てやすくなります。

□月□日
（金）

発表の時間は
1人
3
分

質問を文字で示す

質問の内容を文字にしてみせましょう。
とくに聞きたい部分をペンでなぞるように示すと、質問のポイントが明確になります。

質問❶
あなたはスマートフォンを
持っていますか？
□はい
□いいえ

質問❷
スマートフォンで
ゲームをしますか？
□はい
□いいえ

11 授業中 指されていないのに答える

なんでも率先して答えようとする

やりたいことができないとふてくされる

指示の前に教科書を開いたり
問題を解いたりする

ルールのある遊びが苦手

一番になりたがる

わかる人ー

答えは！！

隠れた要因

答えたい気持ちが強すぎて我慢できない

衝動性が高く、我慢することが苦手	周囲の状況に応じた行動が苦手	答えないと次の課題に移れない	自尊感情が低く、競争意識が高い
［実行機能●反応抑制］	［実行機能●柔軟性］	［実行機能●柔軟性］	［心理●自尊心］

視点

　自分から率先して答えようとするのは、よいことです。しかし大勢のなかでは、いつも自分が答えられるわけではありません。名前が呼ばれるのを待つ必要がありますが、衝動性が高い場合、待てずに答えをいってしまうことや、いえないとふてくされてしまうことがあります。「できれば自分が答えたい」という気持ちをおさえ、他者が答えるのを待つということが苦手です。

　周囲がなにをしているかを観察しながら、自分自身がいま、なにをするのかを考えることが苦手な場合もあります。まわりの子が手を挙げているのをみても、自分は手を挙げずに答えてしまいます。先生から指示される前に、教科書を開いたり、問題を解いたりすることもあります。

　次の課題に切り替えることの苦手さがあり、先生に聞かれたことに自分が答えることで課題を一区切りしようとして、人より先に答えようとする場合もあります。答えることに固執しないように、気持ちを切り替える力を身につける必要があります。

　名前を呼ばれる前に答えてしまう場合には、自尊感情が低く、一番になりたがっているという心理的な側面も考慮したほうがよいかもしれません。

合理的配慮の例

答える人を決める

先生が状況をみて、問題に答える人を決めてから、課題をスタートします。
そうすることで、「一番になりたい」という競争原理が働かないようになります。

発表の仕方を変える

どうしても答えたいという子には、発表以外の方法を活用します。
「課題ができたら先生にみせにくる」などの方法を検討しましょう。

指名は1回ずつにして、解答者を書き出す

「指名された人は、繰り返し指名されない」という決まりをつくります。
そして、指名された人の名前を書き出すなどの方法で、すでに指名された人がわかるようにしましょう。
子どもが自分の順番を意識しやすくなり、また、「指名されても何度も答えようとすること」がなくなります。
「誰が指名されたか」という形で全体がみえるようになれば、見通しをもつ力にもつながります。

関係のない本を読んでしまう

授業中に教科書を出していない
集団行動が苦手
突然、話題と関係のない話をはじめる
自分のなかにルールがある

3年 理科

物語

隠れた要因

授業や課題より、本が気になってしまう

注目する点に 気付きにくい ［実行機能●注意機能］	興味の ないことに 注意が 向きにくい ［実行機能●優先順位］	物事を途中で やめることが できない ［実行機能●反応抑制］	他者の感情を 読み取るのが 苦手 ［心理●心の理論］

視点

　子どもが授業中に関係のない本を読んでしまう場合には、授業でいまなにをしているのかが正しく理解できていないことがあります。注意持続が弱く、どこに注目すればよいのかわからないため、わかる範囲で物事をおこなおうとして、そのような行動になるのです。

　また、興味が向かないために、自分のやりたいことを優先してしまうという場合もあります。授業自体への興味だけではなく、本を読むことや字を書くことなど、課題自体への興味も関係しています。授業以外に、給食や集団行動の場面などでも、同様の行動がみられることがあります。

　活動を途中でやめられず、授業が始まっても本を読んでいる場合もあります。続きが気になる気持ちをおさえ、次の行動に移ることの苦手さが関係しています。

　他者の行動をみて、相手の考えや気持ちを読み取ることが苦手な子の場合、授業中に自分だけ別のことをしていても、それが気にならないということがあります。

　授業や課題にできるだけ注目しやすくなるように、本人の興味を引き出す工夫をすることで、行動が落ち着いていきます。

合理的配慮の例

ポイントを強調する

具体的にどこに注目するとよいのか、
提示する教材を拡大するなどして、
ポイントを強調しましょう。

興味をもてる授業・課題に

必ずしも授業で用意されたものだけを使うのではなく、
本人が興味をもっている具体的な例や実物を活用して、
授業や課題をおこなっていきましょう。

まわりの力を借りる

隣の子と一緒に教科書をみるなど、
共同作業の時間を設けて、
いまなにをする時間なのかを
気付けるようにするのもよいでしょう。

終わりの見通しをつける

授業や課題がいつ終わるのか、
いつから自分の読みたい本を読めるのかを、
わかりやすく伝えます。
授業の流れを書き出して、
いまの段階にマグネットでラインを引くなどの方法を
とるとよいでしょう。

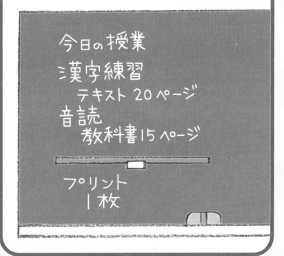

13
授業中

落ち着かない［鉛筆を噛む、椅子をガタガタさせる］

> 常に体の一部を動かしている
> 体育などの運動時間にじっとしていられない
> ダイナミックな遊びを好む
> 整列することが苦手
> 大きな声を出す

隠れた要因

感覚的な刺激を強く求めている

感覚的な欲求が強い ［感覚処理パターン●感覚探求］	**姿勢を保つことが苦手** ［前庭覚、運動機能●筋力］	**強い刺激を好む** ［感覚処理パターン●低登録］	**行動を抑制することが苦手** ［実行機能●反応抑制］

視点

　姿勢に落ち着きがなく、常に体を動かしていたり、鉛筆や爪を噛んだり、授業に集中していないような場合、感覚処理パターンや前庭覚の弱さなど、感覚的な要因が隠されている可能性があります。

　前庭覚をうまく感じ取ることが苦手な子どもは、じっとした姿勢を保持することが苦手なため、常に動いてバランスを保とうとすることがあります。

　また、感覚的な欲求が強い場合や、自分の体の動きに気が付きにくい場合は、たえず体を動かしたり、強くなにかを噛む、思い切り運動するなどの行動によって、より強く、大きな刺激を求めます。

　整列していられなかったり、大きな声を出すなど、じっとしていられないことの背景には、自分の行動を抑制することの苦手さもあるかもしれません。

　先生は、落ち着きがない子ども、我慢ができない子どもとしてみるのではなく、感覚的な不足を補っている結果であるとしてとらえ、対応法を考えましょう。

合理的配慮の例

Qチェアマットを敷く

姿勢が安定せずに体を動かしたり
椅子を揺らしている場合には、
Qチェアマット[192ページ参照]を使って、
姿勢が安定するようにしましょう。
滑り止めになって、座位姿勢が安定します。

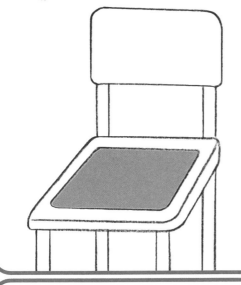

椅子の脚にゴムをつける

椅子をガタガタと動かしてしまう場合に、
椅子の脚にゴムをつけ、
子どもが足でゴムを引っぱれるようにすると、
ほどよい抵抗になり、椅子を動かすことが減ります。

椅子の脚にテニスボールをつける

脚にテニスボールをつけると、弾力感が非常に強くなり、
ガタガタさせても大きな音が立たなくなり、
衝撃も小さくなります。
座っている本人にも安定感があります。

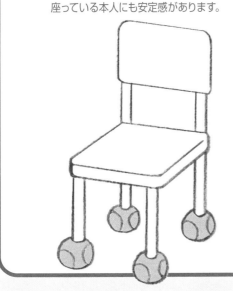

Qキャップを使用する

鉛筆にQキャップ[192ページ参照]を装着します。
Qキャップはシリコン製の福祉用具で、
歯で噛んでも安全な素材でできています。
感覚的な欲求を満たしたい子どもの場合、
Qキャップを使うことで、
安心して課題に集中できるようになります。

姿勢が崩れる [椅子や机が体にあっていない]

- たえず体を動かしている
- 体操などの運動が苦手
- 整列することが苦手
- 遊具などを強く揺らして遊ぶ

隠れた要因

運動機能が弱く、姿勢を保つことが難しい

姿勢を保つことが苦手 ［運動機能●バランス］	**前庭覚の刺激を好む** ［感覚処理パターン●感覚探求］	**姿勢が崩れていることに気付きにくい** ［感覚処理パターン●低登録］	**じっとしていられない** ［実行機能●反応抑制］

視点

　姿勢が崩れている場合、そもそも体にあっていない椅子や机を使用していて、学習への集中力が低下している場合があります。正しい環境設定が必要です。

　環境以外の要因として、運動機能が弱く、姿勢を安定させることが苦手な場合もあります。姿勢を何度も変えたり、体を終始動かしたりして、姿勢を安定させようとします。その場合、運動や整列することなども、苦手になることがあります。

　また、動くこと自体を楽しんでいる場合には、感覚的な要素が影響しています。体を動かしたいという感覚探求が強く、座っていてもお尻をずらしたり、体を揺らしたりすることで、体から伝わる刺激を楽しんでいたり、その刺激によって気持ちを落ち着けていたりします。遊具で遊ぶ際に、強く揺らして遊ぶ様子などもみられます。

　他にも、姿勢が崩れても気付きにくい場合や、じっとしていることが苦手で姿勢が崩れやすいという場合もあります。

合理的配慮の例

椅子や机のサイズを調整する

学校内で、椅子や机を子どもの身体にあったサイズに変更しましょう。
椅子や机の高さが低い場合には、それぞれの脚に補高するための工夫をするのもよいでしょう。

脇をしめる

背もたれに
もたれ
かからない

深く座る

机と身体は
子どもの
こぶし1つ分を
空ける

補高用
キャップ

子どもが
深く座った
状態で足の裏が
しっかりと床に
つく高さ

椅子にクッションなどをつける方法[**13、15**参照]も
姿勢の保持に有効です。

バランスボールを使う

常に揺れを好んでいる場合は、
通常の椅子よりも不安定な
バランスボールを使って座ることで、
課題への集中力が改善することがあります。

体を動かせる
時間・環境をつくる

感覚探求が強い場合には、
体を動かせる時間と環境を確保して、
クールダウンできるようにしましょう。
時間などをルールとして決め、
明確に示すのがポイントです。

15 授業中 椅子の上に足を乗せて座る

> 姿勢が崩れやすい
> 立っているとゆらゆらと体を動かしている
> 机にもたれていたり、休憩していることが多い
> 体操などの運動が苦手

隠れた要因

足を乗せることで姿勢を保とうとしている

姿勢を保つことが苦手	運動の耐久性が低い	前庭覚の入力が弱い	じっとしていられない
［運動機能●バランス］	［運動機能●持久力］	［感覚処理パターン●低登録］	［実行機能●反応抑制］

視点

　椅子に足を下ろして座れない場合には、姿勢を安定させる力が弱いことが原因となります。お尻の接地面だけでは体を安定させることが難しいために、椅子の上に足を乗せていることが考えられます。接地面を増やすことで安定を得ようとしている結果であり、無理に足を下ろして座らせると、姿勢を保つことに一生懸命になって、書き取りや課題への集中が難しくなってしまいます。

　姿勢を安定させることが苦手な要因に、運動機能としての安定性が低いことが影響している場合、日頃から体はどこかにもたれている様子がみられます。

　それ以外にも、前庭覚で姿勢の崩れを感じ取る力が弱く、体が必要以上に倒れてしまうために、足を使って予防的に安定させようとしていることも考えられます。

　姿勢を正して座れていない様子をみても、姿勢だけを直すのではなく、その背景にある要因にも注目し、授業への集中力を損なわないようにしましょう。

授業中

合理的配慮の例

椅子にクッションをつける

お尻の形にあった形のクッションを
使うとよいでしょう。お尻の形にえぐってある
モールドタイプものを使います。
一般的なクッションでは
姿勢の改善につながりませんが、
モールドタイプであれば、姿勢が安定する子もいます。

滑り止めを利用する

お尻に滑り止めやQチェアマット［192ページ参照］を
使うことで
横滑りや前ズレが軽減して、座位姿勢が安定します。
滑り止めを利用する場合は、お尻の摩擦で
皮膚トラブルが起こらないよう注意しましょう。

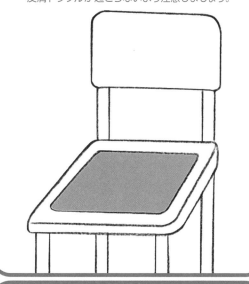

クッションを使って練習する

足の間にクッションを挟み、
落とさないように練習します。
足の内側に力を入れることで姿勢全体に力が加わり、
安定した姿勢をとることができるようになります。

座席を動かす課題を設定

授業中に、班ごとに話し合う機会や、
隣の人やうしろの人と一緒に考える課題をつくります。
同じ姿勢でいる時間が短くなる場面を設定して、
姿勢保持の負担を軽減します。

16 授業中 教室から出て行ってしまう

興味があるものにすぐに注意がそれる

怒りっぽい

物をよく壊してしまう

信号待ちが苦手

隠れた要因

いけないとわかっていても我慢できない

| 衝動性が高く、我慢することが苦手 [実行機能●反応抑制] | プリント配布など、苦手な音がある [感覚処理パターン●感覚回避] | 注目を得るための手段になっている [心理●自尊心] | 嫌なことがあるとその場から離れる [心理●逃避] |

視点

　突然教室から出て行ってしまう、これは実行機能の反応抑制が関係しています。授業中に教室から出てしまうことはいけないことだとわかっていても、それをせずにはいられない、気持ちをコントロールする力が働きにくい背景があります。そのような場合は、些細なことに対しても突然怒ったり、我慢できないために物にあたったりなど、衝動的な行動がよくみられるでしょう。また、興味があるものや人へ突然駆け出すなどしてしまうため、信号がない交差点では、左右の確認を怠ることがあり、事故にも注意する必要があります。

　それ以外には、教室を出て行くことで、他の子どもや先生の注意を引こうとしている場合もあります。その場合、突然大きな声を出したり、あえて反発するなど、みんながおこなっている活動を制止しようとすることもあるかもしれません。

　また、嫌なことがあって逃避しようとしている場合や、プリントを配る音など、苦手な音があるためにその場を離れようとしている場合なども考えられます。

合理的配慮の例

席の配置に配慮する

教室を飛び出す行動は、
他の子どもにも少なからず影響があります。
本人も安心でき、他の子への影響も少ない
廊下側の席に配置するのもひとつの方法です。

普段できていることを ほめる

本人が「当たり前のことをしていても
注目してもらえない」と思っている可能性を考慮し、
小さいことでも、日頃からできていることを
しっかりほめましょう。

教室内に逃げ込めるスペースを確保する

教室内に、セーフティールームのように囲われた場所をつくって、本人が落ち着ける環境を確保します。
教室から出ていかなくても安心できるようになります。

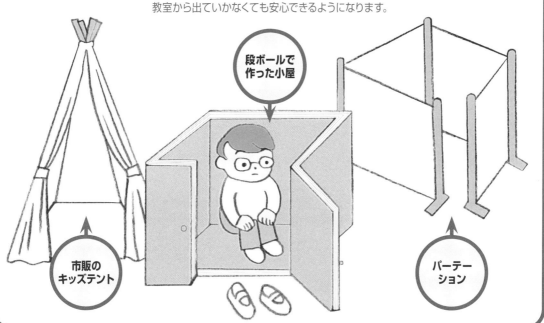

段ボールで
作った小屋

市販の
キッズテント

パーテー
ション

時間割の切り替えができない

休み時間から切り替えられない
前の時間の活動を続けている
時間になっても着席できない

隠れた要因

時間や予定の管理が難しい

| 時間の感覚が
つかめない
［実行機能●時間管理］ | 次に
するべきことを
理解
できていない
［実行機能●計画立案］ | 集中しすぎて
状況が
つかめない
［実行機能●注意機能］ | 途中で
終わることが
できない
［実行機能●反応抑制］ |

視点

　時間の感覚が弱かったり、時計が読めなかったりして、時間を意識して動くことが難しい場合があります。曜日によって時制が異なることで、授業の開始・終了がわかりにくく、混乱していることも考えられます。

　計画を立てることが苦手な場合には、休み時間にトイレや水分補給などの準備ができず、授業が始まってから用を済ませようとすることがあります。

　注意の特徴から、細部に注目することがあり、過集中によってまわりの状況に気付けない子もいます。休み時間に読んでいた本を授業が始まっても読んでいることや、授業でやった制作が面白くて、休み時間も没頭して次の授業が始まってもやっているということがあります。

　いずれの場合も、授業の終わりや、授業後になにがあるかを明確に示されていない状況で起こりやすくなります。また、授業の終わりには気付いていても、自己コントロールが難しくて切り替えられないというケースもあります。

合理的配慮の例

始まりを予告する

授業の開始前に、何時から始めるのかを予告します。
黒板に視覚的に書き出して示したり、
視覚的タイマーなどを使ったりして、
わかりやすく伝えましょう。

終わりを明確にする

タイマーを使って授業や休み時間の終わりを
明確にしましょう。
スタート・ストップを子どもが操作します。
「終わりの箱」を準備し、
道具をそこに入れて切り替えるのも有効です。

話し合って約束する

事前に話し合い、
何時になったら活動を終わるという約束をします。
または、その場で話し合い、選択肢を示して、
いつ終われるのかを自分で決めさせましょう。

整理整頓をする

前の授業や休み時間に使用した物は、
授業が終わったときに
必ずランドセルに片付けるようにします。
そうすることで、切り替えやすい環境をつくります。

18 休憩時間 教室移動ができない

- 次の授業の準備ができていない
- 道によく迷う
- 受け身の行動が多い

隠れた要因

どうすればよいのかがわからなくて、不安になっている

次の予定が わかっていない [実行機能●計画立案]	興味関心の 偏り [実行機能●柔軟性]	学校の地図が わかっていない [高次脳機能●空間認知]	移動後の 活動への 不安が強い [心理●不安]

視点

　次になにをするかというスケジュールがわかっていないことがあります。口頭での一斉指示では、次にするべきことが伝わっていない可能性があります。口頭だけの情報ではなく、視覚的にも子どもがわかる情報を用いて、次にするべきことを伝えていきましょう。

　いつもまわりの動きについていく受け身な行動をしている場合は、1人で移動する際に場所がわからないといったことがあります。

　興味関心の偏りから一部にしか注目していないため、本人にはどれも同じような教室にみえていて、手がかりとなる教室名などに注目することが難しかったり、空間のとらえにくさより、学校の地図が理解できていないことなども考えれます。

　また、子どもの不安が強く、移動先でなにをするのかがわかってないと、動けないということもあります。

合理的配慮の例

予定を個別に伝える

一斉指示では、情報が拾えていないことがあります。
個別にその子にわかりやすい情報で、
次にすべきことを示しましょう。
移動先で具体的に何をするのかも伝えます。

指示を出す場所を明確にする

黒板とは別に指示出し用のホワイトボードを準備して、
いつもそのボードで
次の移動先と移動後の活動を示すようにします。
子どもはボードをみれば、安心して移動できます。

「学校探検」を活用する

特別活動などの時間を活用して、「学校探検」の機会をつくります。
子どもたちが、自分で移動しながら学校の地図をつくり、各教室の場所などを覚えられるようにしましょう。
各教室の役割なども伝えることで、教室移動への理解が深まり、不安もやわらぎます。

19 休憩時間 トイレに行けない

トイレの暗さや冷たさを嫌がる
トイレの音が苦手
トイレに行くことを忘れる

隠れた要因

トイレの音やにおい、冷たさを嫌がっている

| トイレや換気扇の音がこわい
[感覚処理パターン●感覚過敏] | においや便座の冷たさがつらい
[感覚処理パターン●感覚過敏] | 他のことに夢中になってしまう
[実行機能●優先順位] | 不安が強くて行けない
[心理●不安] |

視点

　さまざまな感覚過敏によって、トイレに行けないことが考えられます。例えば聴覚過敏により、水洗トイレの水を流す音や換気扇の音が怖くて、トイレに行けないことがあります。また、嗅覚過敏により、トイレのにおいに耐えられなくて行けない場合や、触覚過敏によって冬場は便座が冷たくて行けないといったこともあります。視覚的に、トイレが薄暗いことが怖くて行けなかったり、以前に汚れていた便座を使ったことが記憶に残っていて、トイレに行けなくなっているということもあります。

　衝動性が高いことや実行機能の弱さから、休み時間にやるべきことの優先順位を立てられず、トイレに行くことを忘れていて、授業中に行こうとするなどの様子がみられることもあります。

　また、和式の便器だと身体的にしゃがめなかったり、バランスがとれなくて用を足せないために行けないということも考えられます。

合理的配慮の例

多目的トイレを使う

多目的トイレは比較的、個別の配慮をおこないやすくなっています。
水洗の音を自分のタイミングで鳴らす、便座にカバーを付ける、消臭スプレーを使うなどの対応ができます。
手すりが設定されている場合もあり、身体的に難しい場合にも使いやすいでしょう。

イヤーマフを使う

聴覚の感覚過敏がある場合には、
イヤーマフを使うのもよいでしょう。
また、他の人の水洗音が気になるようであれば、
授業中にトイレに行くことを許可します。

トイレに行くことをうながす

休み時間に入る前に、
トイレに行くことを確認してから休憩をとります。
必要であれば、
決まった時刻にトイレに行くことをうながすのも
よいでしょう。

20 休憩時間 友達とけんかになる

暴言を吐く
友達に対して手が出る
同級生と一緒に遊べない
なにをすればよいかわからない

隠れた要因

休み時間が自由すぎて、トラブルになりやすい

| 相手の気持ちを読み取ることが難しい [心理●心の理論] | 自己コントロールの難しさ [実行機能●反応抑制] | 力加減が難しい [深部感覚●関節覚] | 触覚の過敏さがある [感覚処理パターン●感覚過敏] |

視点

　休み時間は自由すぎるため、それがトラブルの要因になることもあります。相手の気持ちを読み取ることや自分の気持ちを表現することが苦手な場合、暗黙の了解がわからず、他の子の間に横から入ったり、不用意な発言をして、トラブルになることがあるのです。自由でとくにすることがないために、相性の悪い友達との接点ができて、けんかになることもあります。反対に、他の子にされることに対する怒りの閾値が低く、行動をコントロールできないためにけんかになるというケースもあります。

　深部感覚が鈍感なために、本人としては軽く触ったつもりが、相手にとっては強く押した形になり、そこからけんかになることもあります。その場合、物を扱うときも粗雑になる傾向があります。逆に触覚の過敏さから、相手はうしろから軽くトントンと呼んだだけなのに、本人は叩かれたという認識になって、トラブルになることもあります。

合理的配慮の例

相性の悪い友達との接点を減らす

相性の悪い友達との席の位置を調整します。
また、休み時間に手持ち無沙汰にならないように、
それぞれのやりたい遊びをみつけておきます。

クールダウンする場所を設けること[**9、16**参照]も
落ち着くために有効です。

力を発散しておく

休み時間に手押し車や鉄棒、ボルダリングなどの
強い力を出せる運動や、プロレス・相撲などを、
怪我をしない程度におこないます。
力を発散することで、落ち着きやすくなります。

遊びのルールを確認する

休み時間におこなう遊びのルールが曖昧な場合、
けんかの原因になることがあります。
先生が間に入り、ルールを明確にしておきましょう。

図解で状況を確認する

けんかの状況や原因を理解するのが難しい子には、
絵や図を書きながら、一緒に確認するようにしましょう。
視覚的に示すと、わかりやすくなる場合があります。

食べこぼしが多い

箸をうまく使えない、
手づかみで食べてしまう
....
掻き込み食べをしている
....
いつもひじをついて食べている

隠れた要因

食器の操作や姿勢のコントロールが難しい

| 箸や鉛筆を
まだ
うまく使えない
［運動機能●巧緻動作］ | 食器を
見続ける力が
弱い
［実行機能●注意機能］ | 力が
強すぎたり、
弱すぎたりする
［運動機能●両手動作］ | 姿勢が
崩れやすい
［運動機能●持久力］ |

視点

　箸の持ち方と鉛筆の持ち方には、密接な関係性があります。鉛筆がしっかりと3本の指先で持てているかどうかを確認しましょう。鉛筆を握り込むように持っている場合、指先で物を操作する巧緻動作が難しいことが考えられます。まだ箸の操作は難しいので、まずは鉛筆を指先で持つ練習をするとよいでしょう。

　注意機能が弱い場合には、物をみる力や見続ける力が弱いため、食器や食べ物の位置、形などを判別できていない可能性があります。

　また、両手動作が苦手で力が強すぎたり弱すぎたりして、スプーンやフォーク、箸などのコントロールがうまくいかず、器を口につけるような姿勢で食べることが多くなるという子もいます。

　座っている姿勢が崩れやすいと、同様に器に口をつけやすくなります。姿勢が崩れやすい子には、食器をおさえない様子や、ひじをついて食べる様子もみられます。姿勢の崩れは、掻き込み食べの原因にもなります。姿勢も確認しながら、指導をおこないましょう。

合理的配慮の例

食器に滑り止めのマットを敷く

食器の下に滑り止めのマットや
Qデスクシート［192ページ参照］を敷くことで、
食器を手で支えやすくなります。
姿勢が崩れにくくなり、食べこぼしが減ります。
また、食べ物に注意を向けやすくなる効果も
期待できるでしょう。

食器を変更する

食器を変更して、食べ物と器の色が異なるように
コントラストを出すと、食べ物が見やすくなります。
食べ物をすくいやすくなるように、
食器の片側が壁になっているようなものを
提供、持参してもらうことも検討してみましょう。

椅子に滑り止めのマットを敷く

椅子に滑り止めのマットや
Qチェアマット［192ページ参照］、
クッションを敷くのもよいでしょう。
体の横滑りや前ズレが軽減して、
座位姿勢が安定します。
お尻の摩擦で皮膚トラブルが起こらないように
注意してください。

割り箸やスプーン、フォークを使う

学校の箸では滑りやすい場合には、
割り箸の使用を許可するのもよいでしょう。
箸の操作がまだ難しい子には、
スプーンやフォークを使うことをすすめること、
箸との併用を許可することも、ひとつの方法です。

22 食べ物を詰まらせる

一口の量が多く口のなかがいっぱいになる
食べ物をよく噛まないために、
喉詰まりをする
掻き込むように食べてしまう

隠れた要因

口に含む量が多く、あまり噛んでいない

| 口のなかの感覚が乏しく、量がわからない [感覚処理パターン●低登録] | 噛む力が弱い [運動機能●筋力] | 食べる動作のコントロールが苦手 [高次脳機能●運動企画] | 昼休みのことが気になりやすい [実行機能●反応抑制] |

視点

　食べ物を詰まらせる場合には、口に含む量が多い、噛まずに飲んでいる、掻き込み食べをしているといった行動が関連しています。

　口に含む量が多いのは、口のなかの感覚が乏しく、唇や上顎、歯茎などで食べ物を感じ取ることができない場合です。飲み込む量が増え、むせたり吐き出したりします。口のなかやまわりを触られても嫌がらないかなど、確認してみましょう。

　噛まずに飲むことの原因としては、噛む力が弱い、噛みしめる感覚を顎の関節や筋肉で感じ取れていない、筋力の不足、舌の運動の未発達などが考えられます。その場合、日常生活のなかで、普段から口が開いている、口呼吸をする、発音がよくないといった特徴がみられます。

　掻き込むように食べるのは、食べる動作のコントロールが苦手な場合や、食べることへの抑制が弱い場合が考えられます。昼休みに体を動かして遊びたいなど、次のことに注意が向いていて、急いで掻き込んでいるという子もいるでしょう。

合理的配慮の例

スプーンを小さくする

口に含む量が多い場合や、
掻き込み食べがみられる場合には、
スプーンのサイズを小さいものに変更しましょう。
自宅で用意してもらい、毎日持参します。

噛む回数を設定する

噛まずに飲んでいる場合には、
子どもと一緒に噛む回数を設定し、
数えながら噛む動作をすすめてみましょう。
机の上に「10回数えて噛む」など、
具体的なメモを置くのもよい方法です。
本人の噛む意識を高めることができます。

予定をわかりやすく示す

給食後のことを気にして
急いで食べているという場合には、
次の予定が始まる時刻などを、
黒板に文字やイラスト、写真などを使って
わかりやすく示し、事前に説明しておきましょう。

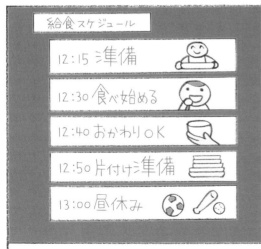

給食のルールを見直す

「給食を食べ終えた子どもから遊びに行ける」といった
ルールがあることで、急いで食べてしまう子もいます。
ルールを見直して、
一定時間は席に座って過ごせるように
工夫するのもよいでしょう。

23 時間内に食べられない

給食時間

時間内に食べ終わることができない

給食の量が多すぎて、
最後にあせって食べている

話してばかりで、給食が進まない

隠れた要因

残り時間や食べ物に意識を向けにくい

時間の感覚が つかみにくい ［実行機能●時間管理］	**食べ方や 食べる量を うまく 考えられない** ［実行機能●計画立案］	**立ち歩きや 会話を 我慢できない** ［実行機能●反応抑制］	**他のことに 注意が それてしまう** ［実行機能●注意機能］

視点

　時間の感覚がとらえにくかったり、時計を意識して行動することが苦手だったりすると、時間内に給食を食べ終えることが難しくなる場合があります。

　計画的に行動することが苦手な子にも、最後にあせって食べようとすることや、そもそも給食の量が多すぎることなどがみられます。

　反応抑制の弱さがあると、給食時間に立ち歩いたり、友達と話したりすることが多くなり、給食から意識が離れやすくなります。注意機能が弱い子も、廊下を知っている人が歩いたり、外から救急車のサイレンが聞こえたりすると、視覚や聴覚の感覚刺激が入力され、給食から注意がそれてしまいがちです。給食に意識を戻すことが難しく、結果として、時間内に食べ終えることができなくなる場合があります。

　右ページのような配慮をするとともに、どうしても時間がかかる場合には、他の子が休み時間に入ってから落ち着いて食べさせることや、別室で食べさせることなどを検討するのもよいでしょう。

合理的配慮の例

デジタルの時計を使ってみる

アナログの時計が読めない場合には、
デジタルの時計を用意してみるのもよいでしょう。
デジタルの時計で時間の感覚を
つかめるようになってきたら、アナログの時計に
少しずつ移行していくこともできます。

タイマーを使って時間を意識させる

視覚的タイマーを使用すると、
あと何分で時間がゼロになるか、意識しやすくなります。
友達とのおしゃべりが多い場合にも、
タイマーで話をする時間を設定し、
話を切り上げられるようにすることができます。

刺激になるものを避ける

食事中に音楽が流れていたり、
ドアの外を人が歩いていたりすると、
それが子どもへの刺激になってしまいます。
音楽を止めたり、ドアを閉めたり、
場合によってはパーティションで区切ったりして、
食事に集中できる環境を整えましょう。

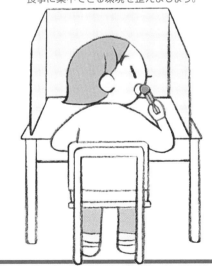

量を少なめに盛り付ける

1回の食事で食べ切れる量には、個人差があります。
本人や保護者と、自宅での食事の量、
給食で食べ切れる量などを相談しましょう。
必要に応じて、少なく盛り付けることなどを検討します。

24 好き嫌いが激しい

給食時間

特定の物しか食べることができない
給食を残すことが多い
食べること自体を極端に嫌がる

隠れた要因

食感やにおい、調理方法などへの過敏さや抵抗がある

| 揚げ物の衣に痛みを感じてしまう
［感覚処理パターン●感覚過敏］ | 食べ物を噛む音、食べ物のにおいに過敏さがある
［感覚処理パターン●感覚過敏］ | 調理方法や食材にこだわりがある
［実行機能●反応抑制］ | 他人の調理や他人の食器への抵抗がある
［心理●不安、固執］ |

視点

　感覚の未発達がある場合や、こだわりなどの情動的な行動が強い場合には、特定の物や得意な物しか食べられないことがあります。

　感覚過敏としては、例えば口のなかの感覚に過敏さがある場合には、揚げ物の衣を痛く感じることなどがみられます。聴覚が過敏な場合は、物を噛む音に耐えられず、柔らかい物を好むということもあるでしょう。他にも、嗅覚が過敏で、ケチャップなど特定のにおいがする物を口にすることができないという子もいます。

　過敏さやこだわりから、同じ食べ物でもメーカーや調理法によって違いを感じるという子もいて、A社のハンバーグは食べられるのに、B社のハンバーグは受け付けないということもあります。

　偏食には、心理的な影響もあるでしょう。「自宅で保護者が調理した物は食べられるが、他人が調理した物は食べられない」「見慣れない食材や料理は食べられない」「自分の食器以外に盛られた物は食べない」といった心理があり、給食の好き嫌いにつながっているという場合もあります。

合理的配慮の例

本人の食べられる物を提供する

感覚過敏がある場合には、給食のメニューのなかから、本人が食べられる物だけを提供するのもよいでしょう。
詳しいことは本人にしかわからないので、本人に自分で調整してもらうようにします。

弁当を持参してもらう

場合によっては、自宅から弁当を持参してもらうことも必要かもしれません。
その場合は、給食も食べられるように、段階的に調整しましょう。
例えば「まずは果物だけ」「麺類はみんなと一緒に」といった形で、少しずつ進めていきます。

食べることを強要せず、本人・保護者と相談する

食べることを無理にすすめると、子どもが食事自体を嫌になってしまう場合があります。
そうしないために、本人や保護者と相談して、給食のすすめ方や、弁当での対応などについて、本人・保護者の意思を確認しておきましょう。

好き嫌いが激しい場合、配慮をしても、食べられる種類や量が減ることが考えられます。
本人や保護者に「朝食・夕食をとることができているか」「身長・体重の変化はどうか」「病気にかかっていないか」なども確認しましょう。

25 給食の準備が苦手

給食時間

エプロンや三角巾をうまくつけられない

マスクをつけられない

食べ物を食器によそうことが苦手

隠れた要因

指先で力加減をすること、動作を感じ取ることが苦手

| エプロンなどを
つけるときの
力加減が苦手
［運動機能●巧緻運動］ | 手先で
紐などの動きを
うまく
感じ取れない
［運動機能●両手動作］ | 紐の結び方を
よくみても
覚えられない
［高次脳機能●空間認知］ | においが
気になり
マスクが
つけられない
［感覚処理パターン●
感覚過敏］ |

視点

　運動機能に弱さがあると、エプロンや三角巾、マスクなどをうまくつけられない場合があります。巧緻運動の苦手さや、触覚、視覚、深部感覚など感覚面の弱さから、エプロンや三角巾などを適切につけられず、すぐにほどけてしまうということがあるのです。その場合、盛り付けや配膳の際にも食べ物がこぼれやすくなります。

　また、手先の感覚に弱さがあって紐などの動きを感じ取ることができず、エプロンなどの紐を、目にみえる場所では結べるものの、背中や腰など目にみえない位置では結べないということもあります。マスクを耳にかけるときも同様で、耳の位置にあわせて紐を適度に引っ張ることが難しく、身につけるのに時間がかかります。みる力が極端に弱い場合では、目でみえる場所でも紐を結べないことがあります。

　嗅覚が過敏な子は、市販のマスクを開封したときの独特なにおいを嫌がることがあります。また、触覚に過敏さがあり、マスクの紐が耳にかかることを嫌がるという場合もあります。

合理的配慮の例

身につけるものを変更する

運動機能が弱く、紐を結ぶことが難しい場合には、
スモッグ（割烹着）や被り型のエプロンなど、
紐を結ぶ必要のないタイプを提供しましょう。
三角巾も、帽子型に替えることで、
身につけやすくなります。

紐を長くして、体の前で結べるようにする

目でみれば紐を結べるという場合には、
エプロンの紐を長くするとよいでしょう。
紐を前に回して、みながら結ぶことができます。
また、右側の紐を青、左側の紐を赤などにして
色分けすると、みる力が弱い子も
結び方を理解しやすくなります。

マスクの変更・免除を検討する

感覚過敏があってマスクを身につけられない場合には、
代わりにバンダナなどの布を使って
口元を覆うのもよいでしょう。
マスクの着用を免除し、当番のときは
パンや牛乳など包装済みの食べ物を担当するという
配慮も必要かもしれません。

係の役割分担に配慮する

食べ物をこぼすことが多い場合には、
「トングで盛り付ける」などの
操作しやすい役割から始めて、徐々に
「ごはん類を盛り付ける」
「カレーなどドロっとしたものを盛り付ける」
「汁物を盛り付ける」といった形で、
役割を広げていきましょう。

食べることの難しさに対する「個別の食事指導」

食べること自体が難しい場合には食事指導を

　食べることの難しさがある場合には、食べやすい食具や食器、環境を用意することに加えて、食べ方の指導が必要になることもあります。噛む力やかじる力がまだ弱い場合や、食べ物をすくいとる動作が身についていない場合、食べる量・速さのコンロールができていない場合には、食事指導をおこなうことも検討しましょう。また、口のなかや口のまわりなどに触覚の過敏さがある場合には、マッサージによる指導が有効なことがあります。

「個別の食事指導」の例

1品ずつ食べる指導

食事指導の際には、一皿に1品の食べ物を
盛り付けると、1つずつの食べ物を確認しやすくなり、
食べる練習をおこないやすくなります。

かじりとりの指導

食べ物をよく噛んで食べるためには、
前歯でかじりとることが必要です。
かじりやすい物として、
おにぎりやスティック状の野菜、
エビフライ、ソーセージなどを用意し、
かじりとりの指導をしましょう。
かじりとりに慣れると、
ごはんなどもよく噛むようになります。
ただし、子どもにまかせると、一口の量が多くなり、
詰め込み食べになることがあります。
大人が一口の適切な量を教えながら、
練習しましょう。
また、口に食べ物が入っているときに、
水分で流し込まないことも重要です。

食べ物をみる指導

食べ物や食器をよくみないで食べてしまい、
食べこぼしが多い場合、初期は食べ物を見続けながら
口元まで運べるように、声をかけて指導しましょう。
見続ける力がつくと、
一口の量を自分でも確認できます。

食具の使い方の指導

すくう動作が苦手な場合は、実際の食事指導の前に、こぼしてもよい材料をスプーンですくってお椀からお椀に移す作業を練習します。材料としては、1cm角程度に切った消しゴムや、Qビーズ[192ページ参照]などを使うとよいでしょう。自分の体と道具の関係性や遠位感覚の学びをうながせます。

食具が子どもの手の機能にあわない物だと、食べこぼしや掻き込み食べの原因になります。手の機能にあった食具を選びましょう。また、箸の練習をしたい場合に、しつけ箸を使っても、箸の使い方は上手になりません。しつけ箸は使わないようにしましょう。

1cm角程度の消しゴムなどを材料に

手の機能にあった食具を選ぶ

口に含む量の指導❶

一度にたくさんの量を口に入れてしまうことが多い場合は、口に含む量を指導しましょう。最初は大人が適量をすくってみせたり、すくう量の調整を手伝ったりします。スプーンを2つ用意しておけば、子どもが自分のスプーンですくいたいときに、すぐに実践できます。

口に含む量の指導❷

スプーンなどですくいながらどんどん掻き込むのではなく、ひとくちごとにスプーンを口に運んで食べ、食べ終えてから次のひとくちをすくいとるように、声をかけましょう。動作を手伝う場合には、ひとくちを飲み込み終わるまで、次のひとくちを提供しないようにします。

もぐもぐ

口に含む量の指導❸

掻き込み食べがみられる子どもで、口に含む量の指導をしても抑制がなかなかきかない場合には、まず、器に一口分だけを与えて、それを口に含むことから指導していくのもよいでしょう。

感覚に配慮した指導

口のなかや口のまわりに触覚の過敏さがある場合、落ち着いているときに頬を軽くおさえて圧迫すると過敏さが抑制されます。人の手で触られる感覚が苦手でも、少しずつ慣れていける場合があります。

26 掃除の時間 掃除道具の扱いが乱暴

- ほうきを持つと振り回してしまう
- 絵や文字を書くときに筆圧が強い
- 遊んでいるおもちゃを壊してしまう
- 友達に手が出てしまう

隠れた要因

力加減や、掃除のやり方を覚えることの難しさがある

| 力の調整が難しい [深部感覚●関節覚] | 不器用さにより、両手がうまく使えない [運動機能●両手動作] | ほうきの持ち方やゴミの集め方がわからない [高次脳機能●運動企画] | 自分の行動を客観的にみることが難しい [実行機能●自己監視] |

視点

　腕や脚の筋肉がどれくらい伸びたり縮んだりしているのかなどの情報を脳に伝える深部感覚の反応が弱く、力の調整が難しい場合があります。その場合、無意識に脳が刺激を求めることで、棒状の物を持ったとき、衝動的にバットや刀のように振り回してしまうことがあります。また、筆圧が強い、おもちゃを壊してしまうなど、掃除以外の場面でも力加減が苦手な様子がみられます。

　両手の協調運動が苦手で、ほうきを片手で持っている場合には、うまくコントロールできず、乱暴に扱っているようにみえることもあります。また、掃除の仕方がわかっていないというケースもみられます。ほうきの持ち方や持つ位置がわからないという場合や、ゴミをどこに集めればよいかがわからない場合などです。自分の行動を客観視することが難しく、その場にそぐわないことをしていても気付けないというケースもあります。

合理的配慮の例

掃除の仕方を明確にする

ほうきの使い方やゴミの集め方などを、
手順書の形にまとめます。それをみせることで、
掃除の仕方を明確に説明しましょう。

1 ほうきとちりとりを
じゅんびする

2 ほうきでかべがわに
ごみを集める

3 集めたごみを
下のだんにおとす

4 **2**と**3**を
くりかえす

5 かいだんの一番下になったら
ちりとりでごみを集める

6 ごみをごみ箱にすてる

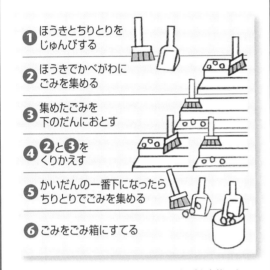

ほうきの持つ位置を明確にする対応［**27**参照］も有効です。

ゴミを集める場所を
明確にする

ゴミをどこに集めればよいかがわからない場合には、
ゴミを集める場所をビニールテープで囲って、
明確にします。

振り返りをする

掃除中の行動を振り返る時間を設けます。
イラストで状況を書いたり、動画を撮ったりして、
具体的に振り返ります。
どうすればよかったのかを確認するようにします。

力を発散しやすい係にする

ほうきを扱うと力が入りすぎてしまうという場合には、
床の雑巾がけや机運びなど、
力を発散しやすい係を担当させるのもよいでしょう。

27 掃除の時間 掃除道具の使い方がわからない

> 道具の持ち方や持つ位置が正しくない
> 雑巾がびしょびしょになっている
> ゴミが集められない
> ほうきをずっと使っている

隠れた要因

ボディイメージが乏しく、動作がともなわない

| ボディイメージの乏しさ [深部感覚●関節覚] | 両手の協調運動の苦手さ [運動機能●両手動作] | 掃除の手順がわからない [高次脳機能●運動企画] | 作業の終わりがわからない [実行機能●計画立案] |

視点

　深部感覚に弱さがあり、自分の手足の位置を把握するボディイメージの乏しさや、手足の動きをコントロールすることの難しさがある場合、ほうきなどの道具を扱っているとき、持ち方や力の入れ方が不自然な形になって、掃除がうまくいかなくなることがあります。ほうき以外にも、例えば、雑巾をしぼる際にうまく力が入らず、雑巾がびしょびしょになってしまうような様子もみられます。

　また、「掃除道具の扱いが乱暴」[26参照]なケースと同様に、両手の協調運動の苦手さからくる不器用さや、掃除の手順の理解の難しさが背景として考えられる場合もあるでしょう。

　作業の見通しを立てることが苦手なために、いつまでもほうきを使っていて、道具を正しく使えていないようにみえることもあります。

　口頭で掃除の仕方を教えるだけでは、道具の扱い方の理解や習得が難しいというケースもあるので、視覚的な提示方法なども活用しながら教えていきましょう。

合理的配慮の例

濡らさなくてよい雑巾を使う

雑巾のしぼり方がまだ身についていない場合には、化学繊維の雑巾など、濡らさなくても使える雑巾を用意するのもよいでしょう。

持つ位置を視覚的に示す

ほうきをつかむ位置など、道具の「持つ位置」にシールやビニールテープを貼ります。
右手の位置は赤、左手の位置は緑といった形で色分けし、明確に示すとよいでしょう。

赤テープ

右手＝赤

左手＝緑

緑テープ

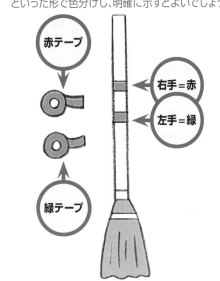

道具を使う位置を示す

雑巾やモップで拭く位置・方向などを、ラインを引いて視覚的に示すとよいでしょう。ラインを引かず、壁際に番号を書いて、マッチングさせながら掃除をする方法もあります。

手順や回数を明確にする

文字や写真、イラストを用いて、作業の内容や回数を明確に示します。マグネットで回数を示し、1回終わったら1つのマグネットを箱に入れると、残りの回数を意識しやすくなります。

回数ボード
・ぞうきんがけ　3回

整理整頓ができない

- 机や椅子などをきれいに整えられない
- 捨てるべきものを机のなかに詰め込んでいる
- 掃除の動作を順序よくできない
- 日頃から失くし物や忘れ物が多い

隠れた要因

順序よく正確に物を整理するのが苦手

順序立てて物事を進めることが苦手	物の大きさの見当がつけられない	衝動性が高く、やるべきことに集中できない	抽象的な指示で理解しにくい
［実行機能●計画立案］	［高次脳機能●空間認知］	［実行機能●反応抑制］	［高次脳機能●言語機能］

視点

　掃除のときに机や椅子、道具などを整えられないことの原因の1つに、実行機能の弱さがあります。順序立てて物事を進めることが苦手なために、掃除を計画的に進めることができず、机や椅子が乱れたり、不要なものをためこんでしまったりします。また、空間認知の弱さがあって物の大きさの見当がつけられず、机がずれたり、机のなかから物がはみ出したりといった状況がみられることもあります。

　衝動性が高くて集中できないため、気になったところに注意が向いてしまい、やるべきことを忘れて、掃除が進まないという子もいます。必要な物を探しているうちに、違うことに気をとられ、さらに散らかるといった悪循環がみられます。

　ほかにも、先生に「きれいにしましょう」といわれても、抽象的な言葉の理解が難しいという場合や、聴覚情報の理解が難しいという場合もあります。

　先生は、故意に片付けないのではなく、片付けられない理由があるという視点をもって子どもの姿を観察してみましょう。

合理的配慮の例

片付ける場所を明示

用具入れや道具箱、机のなかなどに、
物理的に仕切りを設けます。
そうすることで、掃除用具などを整理しやすくなります。

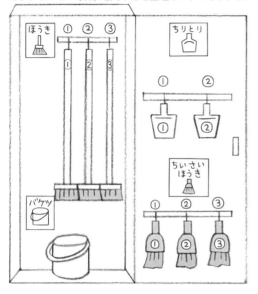

片付け方を
具体的に指示する

「きれいにしましょう」と抽象的な言葉で
伝えるのではなく、具体的に指示し、
必要に応じて練習をしましょう。
例えばほうきの場合、新聞をちぎった物をまいて、
その新聞がなくなるまで掃除することを
「きれいに」として伝えます。
また、黒板を消す場合には
「白いところがなくなるまで」と基準とします。

机や椅子の位置を示す

机や椅子を運んだときにずれてしまいやすい場合には、
所定の位置にビニールテープで
印をつけるとよいでしょう。
場所がわかりやすくなります。

集中しやすい場所を任せる

掃除に集中できない子には、
教室以外の場所を任せるのもよいでしょう。
教室は机を運ぶ、床を掃く、窓を拭くなど
さまざまな作業があり、掲示物もあって、
気が散りやすいものです。
階段など、刺激の少ない空間の掃除を任せましょう。

ゴミ箱に触れない

> ゴミ箱がどうしても触れない
> 砂や粘土、絵の具が手につくことを嫌う
> エアコンなどのにおいで嘔吐する
> 偏食がある

隠れた要因

触覚や嗅覚の過敏さがあって耐えられない

触覚の過敏さがあって触れない	ゴミ箱のにおいが苦手で近づけない	ゴミがぐちゃぐちゃに入っているのをみることが苦手	過去にゴミ箱をひっくり返したなどの嫌な経験がある
［皮膚感覚●触覚、感覚処理パターン●感覚過敏］	［嗅覚、感覚処理パターン●感覚過敏］	［実行機能●柔軟性］	［心理●不安］

視点

　ゴミ箱に触れないことの要因として、触覚や嗅覚に過敏さがあると考えれられます。

　触覚の過敏さがある場合、ゴミ箱やゴミ箱についている物のなにかが感覚的に苦手で、どうしても触れないという状態になります。そのタイプの子どもの場合、砂などを触ることも嫌がる可能性があります。また、図工で粘土や絵の具を使う際に、ベタベタした部分が手につくことを嫌がって、授業に取り組めないというケースもみられます。

　嗅覚の過敏さがある場合には、ゴミ箱のにおいを嫌がっているかもしれません。苦手になるにおいは子どもによって異なりますが、エアコンのにおいや、一部の食べ物のにおいを嫌がる子もいます。そのために偏食がみられることもあります。

　また、ゴミ箱のなかがぐちゃぐちゃになっていることをみるのが苦手な場合や、過去にゴミ箱をひっくり返したり、汚れが手についたりした経験から、気持ちを切り替えられないという場合もあります。

　感覚的に苦手なことを無理強いすると、より過敏さが増すこともあるので、まずはできるだけ避けられるように配慮しましょう。環境調整をおこない、安心できる環境をつくることで、苦手ではない部分に対しては積極的に取り組めるようになることもあります。

合理的配慮の例

感覚の受け取り方の違いを周囲に説明する

先生が、感覚の受け取り方は
人によって異なるということを、
まわりの人に説明します。
わがままではなく、
感覚的に苦手だということへの理解を求めます。

無理強いさせない

ゴミ箱を扱うことを、無理強いしないようにします。
別の役割を提供し、
掃除に安心して取り組めるように配慮しましょう。

道具を使って苦手な刺激を取り除く

手袋やマスクなどを使うことで、
苦手な刺激を遮断できて、
ゴミ箱を扱えるようになる場合もあります。

ゴミ箱を工夫する

ゴミ箱を触れない場合には、大きなゴミ袋を準備して
ゴミ箱の縁で折り返して包むと、扱えることがあります。
また、ゴミ箱のなかをみるのが苦手な場合には、
フタをつけることで扱えることがあります。

30 掃除の時間 掃除に取り組めない

声かけをおこなわないと、掃除ができない

机の上や机のなかも散らかりやすい

絵を描くときなどにも、
取り組むのが難しいときがある

隠れた要因

役割や掃除の手順が、理解できていない

状況から 自分の役割を 判断できない ［実行機能●計画立案］	口頭の指示を 聞き取れて いない ［高次脳機能●言語機能］	手順を整理し、 順番に おこなうことが 難しい ［実行機能●優先順位］	空間をうまく とらえられず、 どれが ゴミなのかが わからない ［高次脳機能●空間認知］

視点

　掃除に取り組めないことの背景として、実行機能が弱く、自分の役割がわからないという可能性が考えられます。教室の掃除では机を運ぶ、ほうきでゴミを掃く、机を拭く、ゴミ箱のゴミを捨てに行くなど、さまざまな作業をします。実行機能が弱い場合、自分がするべき作業はどれなのかがわからず、掃除に取り組めていないようにみえることがあります。口頭の指示では、頭のなかで指示されたことを整理できず、混乱するという子もいます。

　また、自分の役割は理解できても、それをどのような手順で進めればよいのかがわからないといった、見通しのもちにくさが関連することもあります。その場合、ほうきでゴミを集めることに取り組もうとしても、教室のはしから順に掃いていくことができず、目についたところだけ掃いてしまって、ゴミが集められないといった様子がみられます。掃除以外の場面では、絵を描くときなどにも、順序よく取り組めないことがあります。

　空間認知が弱く、空間をうまくとらえられない子は、どれがゴミなのかを判断することが苦手で、掃除にうまく取り組めないことがあります。

掃除の時間

合理的配慮の例

係を固定し、集中しやすくし、自信につなげる

「机を運ぶ係」など、具体的な役割を決めて、
明確に伝えましょう。
その子が集中してできる作業を選び、
係を固定することで、
できることが身について自信になります。

作業工程を視覚的に示す

文字や絵、写真を使って、
作業工程をわかりやすく示しましょう。
例えば、黒板消しの掃除で、
黒板の上と下にそれぞれ同じ番号の数字を書いて、
1から1、2から2へと番号順に黒板消しを動かす手順を
示します。

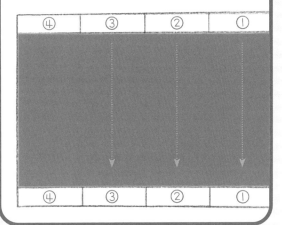

作業工程のチェック表をつくる

作業工程を絵や写真で示してマグネットに貼り付け、
それをチェック表として、
作業が終わるごとにマグネットをはずしていく
というのもよいでしょう。
マグネットがなくなったら作業完了という
見通しが立ちます。

ゴミの見本を提示する

子どもがゴミに注目できない場合には、
くしゃくしゃにした新聞紙をちぎって
一緒に掃除をしてみましょう。
ゴミの存在を実感しやすくなります。

31 主要科目　板書を書き写すことができない

目を細めて前のほうをみている
授業中に校庭などをみて、そわそわしている
書き写す内容が間違っている

問 長さが 4.5m、重さが 0.9kg のホースがあります。
① ホースの 1m の重さ（kg）
0.9÷4.5＝0.2（kg）
□×4.5＝0.9
□＝0.9÷4.5

① 9÷4.5 ㎏ ＝0.2

隠れた要因

視覚の弱さや注意集中の困難が考えられる

| 視力や眼球運動の弱さがある [視覚●視力、視機能] | 先生の話に集中できない [実行機能●注意機能] | 他の子や校庭、廊下の様子が気になる [実行機能●反応抑制] | 読み書きの苦手さがある [高次脳機能●言語機能] |

視点

　板書をノートに書き写すことができない場合は、子どもの視覚や実行機能を確認しましょう。板書を書き写すためには、黒板をみて書いてあるものを理解する必要があり、まず視力が影響します。黒板とノートに視点を切り替えて書き写していくため、眼球運動も関係します。

　授業中は、他の子の動きや会話、校庭・廊下の様子など、さまざまな刺激が飛び交います。そのなかで先生が話す内容を聞きながら、書き写していくことになります。授業の内容に注意を向け、さまざまな刺激に対して自己抑制しなければならないのです。実行機能に弱さがある場合、ぼーっとしている姿や、そわそわする様子がみられることがあります。

　また、言語機能が弱く、読み書きの苦手さから板書をうまく書き写せないという場合もあります。

　31〜35のような場面では、板書の内容についてプリントを配付したり、先生の指示が通りやすい座席配置を検討する必要があるでしょう。

合理的配慮の例

視覚的な刺激を減らす

座席を前方中央にしたり、
廊下側ではない位置に配置して、
視覚的な刺激を減らしましょう。
黒板まわりの掲示物を減らしたり、
校庭の様子がみえないようにカーテンをかけたり
することも有効です。

合図や声かけで注意をうながす

授業以外のことに注意がはずれてしまいやすい子には、
重要な箇所のときに、先生や支援者が近づいていって
視線や合図を送ったり、声かけをしたり、
肩に触れて注意喚起をうながすのもよいでしょう。

板書の仕方を工夫する

板書の際、ノートにとってほしい箇所を
違う色のチョークで囲んだり、目印をつけたりして、
目立たせます。子どもが注目しやすくなります。
区切りのよいところで行を変え、
読みやすくするというのも、よい方法です。
要点のみ記入できる穴埋め式のプリントを
配付するのもよいでしょう。

①ホース1mの重さ（Kg）

0.9 ÷ 4.5 = 0.2 （Kg）

□ × 4.5 = 0.9
□ = 0.9 ÷ 4.5

書き写してください

電子機器を活用する

先生がノートを書いて、
プロジェクタなどで紙面を映写し、
書き方を具体的にみせるのもよいでしょう。
書き写すべき内容を間違えることが減ります。
また、書き写すべき内容を電子黒板で拡大して示す
という方法もあります。

10/23 4.5mの重さが0.9Kgのホースがあります。

問 ①ホース1mの重さは何Kgですか。

解 式 0.9 ÷ 4.5 = 0.2
（□ × 4.5 = 0.9
　　□ = 0.9 ÷ 4.5）

答 0.2 Kg

一定時間にノートが書けない

文字を書いたり消したりすることに手間取る

鉛筆や消しゴムを何度も落とす

ノートをとっているときに姿勢が崩れる

黒板とノートを何度も見比べている

隠れた要因

手先の不器用さや姿勢保持の難しさがある

文字を書くことや消すことが苦手 ［運動機能●巧緻運動］	鉛筆や消しゴムを不用意に落とす ［実行機能●注意機能］	一定の姿勢を保つことが難しい ［運動機能●筋力、持久力］	一度に覚えられる量が少ない ［実行機能●作業記憶］

視点

　ノートをとることに時間がかかる場合、まず、板書を書き写すのが苦手なこと[31参照]と同様に、視覚や注意集中の弱さが考えられます。それに加えて、不器用さや姿勢を保つことの苦手さ、記憶の弱さなどの影響も考えていきましょう。

　手先に不器用さがあると、ノートに文字を書いたり消したりすることに時間がかかりやすくなります。また、不器用さから鉛筆や消しゴムを落としてしまい、作業が中断することが多くて時間がかかるという場合もあります。

　一定の姿勢を保つことに過度な努力が必要な場合には、姿勢が崩れやすいだけでなく、書くことなどに影響が出る可能性があります。

　また、文字のどこまでを単語や文章として認識して覚え、ノートに書くために想起できるのか、といった記憶力も影響します。一度に覚えられる量が少ないと、何度も黒板をみるため、板書を書き写すことに時間がかかることがあるのです。

プリントから書き写す

必要事項をプリントにして配付し、プリントから
ノートに書き写す仕組みにする方法があります。
黒板からノートに書き写すよりも視線の移動が少なく、
書きやすくなる場合があります。

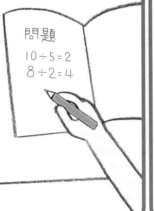

問題

次の計算をしましょう。

10 ÷ 5 = ☐

8 ÷ 2 = ☐

12 ÷ 4 = ☐

問題
10 ÷ 5 = 2
8 ÷ 2 = 4

プリントに線を引く

板書の内容をプリントにまとめて、配付します。
書くのが遅い子には、板書をみながら
重要なところに線を引かせるようにしましょう。
書くことよりも話を聞くこと・理解することに
集中できるようになります。

大事なところに線を引きましょう

問題

ゼリーが14こあります。

1人に3こずつ分けると

何人に分けられる

でしょう。

式

はい

姿勢を保ちやすい環境に

椅子の座面にQチェアマット［192ページ参照］や
滑り止めのマットを使って、
子どもが姿勢を保ちやすい環境を整えます。
体幹が安定すると、書くことに集中しやすくなります。

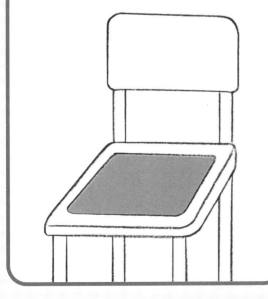

書き写さずに写真を撮る

書くことにどうしても時間がかかる場合には、
デジタルカメラなどで板書の写真を撮ることを
許可する方法もあります。
子どもが自分で自分の能力をカバーすることを
保障できます。

書き写してください

字がきれいに書けない

ひらがな50おんのれんしゅう

- 文字がマスから出たり、字形が崩れたりする
- 撥ね払いがなく、流れるような線の字で、読みにくい
- 書いているときに紙がずれてしまう
- 書いているときに姿勢が崩れやすい

隠れた要因

両手の連動や指先の動きに弱さがある

非利き手で紙をおさえることが難しい ［運動機能●両手動作］	指先でつまむ力が弱い ［運動機能●巧緻運動］	字をマス目にあわせて構成できない ［高次脳機能●空間認知］	一定の姿勢を保って字を書くことが難しい ［運動機能●筋力、持久力］

視点

　きれいな字を書くためには、利き手で鉛筆を持ち、非利き手で紙をおさえるという形で、両手が別々に動くことが必要です。非利き手を、利き手の力加減にあわせて動かします。両手が連動していないと、文字を書いている最中に紙がずれたり破けたりして、書くことが難しくなります。

　マス目の中に字を書くためには、「動的三指握り」で鉛筆を持って動かすことが必要です。動的三指握りとは、親指・人差し指・中指で鉛筆をつまみ、指や手首の動きで運筆することです。そのためには、指先でつまむ力（ピンチ力）や、手指を分離させて動かすことが必要になります。指先の動きがまだ弱い場合には、手首や肩の動きで運筆する「静的三指握り」で字を書いていることがあります。また、手指の動きだけではなく、マス目の大きさにあわせて字の位置関係を把握し、バランスよく構成する力も必要です。

　姿勢が崩れやすい子の場合、字形や字列を整えて書くことも難しくなります。書くときによい姿勢をとれるかどうか、確認しましょう。

　字形の崩れや撥ね払いを何度も書き直させることはストレスになりやすく、子どもの苦手意識につながります。書くことがどうしても難しい場合には、課題の見直しなども検討しましょう。

合理的配慮の例

滑り止めを使用して、紙を動きにくくする

書いている最中に紙をうまくおさえられない場合には、Qデスクシート［**192**ページ参照］などを使用して、書いているときに紙が滑りにくくすることが有効です。

椅子の座面に滑り止めを使用する対応［**32**参照］も有効です。

マス目にあわせたフレームを使用する

文字がマス目から大きくはみ出す場合には、1マス目分にあわせてくり抜いた厚紙やQフレーム［**192**ページ参照］を使用すると視覚的な補助となり、また、物理的に字がはみ出さなくなるため、枠を意識できます。

発達にあったマス目を使用する

年齢や学年ではなく、子どもの手の発達の状況にあわせて、マス目の大きさを決めます。静的3指握りでは50mm、動的3指握りでは25mmマスを目安に使用するとよいでしょう。子ども自身にマス目の大きさを選ばせることも有効です。

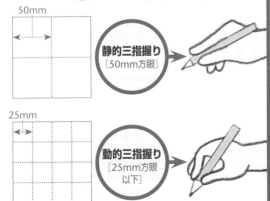

50mm

静的三指握り
［50mm方眼］

25mm

動的三指握り
［25mm方眼以下］

撥ね払いをしない書き方にする

撥ね払いがどうしても難しい場合には、採点の際に撥ね払いを減点の対象としない工夫を、個別に検討することも必要です。また、大人が字の見本を書く際に、撥ね払いのない文字を参考にすることも有効でしょう。書籍『発達が気になる子への読み書き指導ことはじめ』［鴨下賢一著、中央法規出版］に、撥ね払いのないひらがなのフォントがあります。

わ ら や ま は な た さ か あ
  り   み ひ に ち し き い
を る ゆ む ふ ぬ つ す く う
  れ   め へ ね て せ け え
ん ろ よ も ほ の と そ こ お

34 主要科目 漢字が書けない

漢字を正しく書くことができない
すべてひらがなでノートをとっている
漢字の偏と旁の位置がずれる

隠れた要因

字を読む力や、字を構成する空間認知に弱さがある

漢字を書くときに正しい字がわからない [高次脳機能●言語機能]	ひらがな・カタカナが十分に書けない [高次脳機能●言語機能]	字を正確に構成できない [高次脳機能●空間認知]	文字を紙のどこから書き始めればよいかわからない [高次脳機能●空間認知]

視点

　漢字には訓読みと音読みがあり、文脈によって複数の読み方を使い分ける必要があります。また漢字の意味を理解するためには、読みと書きを連動させて学習することが必要です。漢字を書くことを繰り返すだけでは、有効な学習にはつながりません。そのため、漢字が書けない場合には、漢字を読めているかどうかをチェックする必要があります。読めていない場合には、書くことよりも、まず読めるようになることを支援し、意味の理解につなげていきましょう。

　また、漢字を書く前に、ひらがなやカタカナがすべて書けるようになっているかの確認も必要です。三角形が書けていれば、ひらがなやカタカナを文字として構成することは可能です。しかしそれが難しい場合、漢字を書くことは負荷が大きいでしょう。漢字には偏（へん）と旁（つくり）とで構成されているものが多く、位置関係の理解がかかわっています。漢字の書き始めの位置がわからないという子もいます。

　漢字の書き取りテスト以外では、ひらがなでも正答や加点の対象にするなどを検討しましょう。

合理的配慮の例

漢字にルビをふって読ませる

漢字が読めないと、
1人で読んで学習することができません。
教科書やドリルなどの読めない漢字にはルビをふり、
まずは子どもが読めるようにしましょう。
確実に読めるようになったら、消してかまいません。

> ありの行列
>
> 夏になると、庭や公園の
> すみなどで、ありの行列
> を見かけることがありま
> す。その行列は、ありの
> 巣から、えさのあるとこ
> ろまで、ずっとつづいて

音読み・訓読みを意味とあわせて覚える

「学ぶ：おしえてもらっておぼえる」
「学生：まなんでいるひと」と、
音読み・訓読みと意味をあわせて覚えます。
市販の意味のある漢字カードを使って
練習するのもよいでしょう[192ページ参照]。

辞書・パソコンを使用する

書くことが苦手でも、読める漢字が増えてくれば
辞書を使えるようになり、1人で意味を調べる方法で、
学習の幅が広がります。
辞書の使用をうながしましょう。
パソコンの予測変換の機能も、
適切な漢字を選ぶための経験につながります。

漢字の書き始めや位置関係をわかりやすく

漢字の書き始めや書き順、位置関係が
わからない場合には、書き始めの部分に目印をつける、
書き順に番号をつけたり色分けをする、
偏と旁の境界線を引くといった対応が有効です。

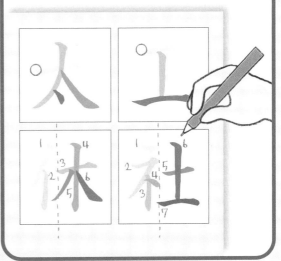

35 主要科目 一文字ずつ読めるけど書けない

算数小テスト

口頭の質問には答えられるが、
テストやプリントには答えを書けない

ノートに自分の書ける字しか書いていない

授業中に、ノートをとるのに時間がかかる

算数小テスト 問①

算数小テスト 問①

隠れた要因

書くこと以前の読むこと・理解することの困難

| 文章を 読むことに 時間がかかる [高次脳機能●言語機能] | 文章の意味を うまく 理解できない [高次脳機能●言語機能] | 文字を 紙のどこから 書き始めれば よいか わからない [高次脳機能●空間認知] | 文章を 構成するのが 難しい [高次脳機能●言語機能] |

視点

　会話はスムーズでも、文字を書こうとするとうまくいかないという場合があります。文字を正しく書けなかったり、文章を構成するのに時間がかかったりします。背景としては、読むこと・理解することの困難がある場合と、文字の位置関係をつかめていない場合が考えられます。

　文字の読みと書きは、連動しています。ひらがながスムーズに読めないと、文字を書けるようにはなりません。文字が書けない子のなかには、それ以前の読むこと・理解することができていない子がいます。

　また、読めるけど書けないという場合には、空間認知の弱さや位置関係の理解が影響しているかもしれません。ひらがなを書くことは、空間認知と密接にかかわっています。簡単な直線や斜線が書ければ、直線や斜線で構成されているひらがな（り・に・いなど）は書けるようになります。また、三角・四角といった図形を構成できるようになると、すべてのひらがなを書くことができるようになります。一方で、漢字を正しく構成するためには、縦横斜めといった位置関係の理解が重要です。

合理的配慮の例

読み聞かせをして質問する

大人が文章を読み聞かせして、
子どもに文章の内容を理解させましょう。
また、文章から大人が質問を出し、理解できているか、
確認することも有用です。
読むこと、理解することの練習になります。

単語や一文を書くことから
スタートする

文章を構成することが苦手な場合には、
質問に対して単語での解答を求めるのもよいでしょう。
また、一文で日記を書く習慣をつけて、
文章を構成する練習をするのも、よい方法です。

カードを使って文章づくり

一文が分けられたカードを用意します。
カードを並べて文章をつくる練習をします。

パソコンや
タブレット機器を使う

読んで意味を理解することはできていて、
書くことがどうしても難しい場合には、
パソコンやタブレット機器などを使って
文字や文章を書くのも、1つの方法です。
その場合には学校と保護者、子どもでよく話し合う
必要があります。

36 主要科目 理解力はあるがうまく読めない

音読を嫌がる、非常に時間がかかる
読み飛ばしや文末の省略・変換をする
記憶した内容を音読している
指定されたページをスムーズに開けない

隠れた要因

視知覚や眼球運動などの視機能が影響している

| ひらがなや カタカナが 十分に 読めない [高次脳機能●言語機能] | 眼球運動や 空間把握の 力が弱い [高次脳機能●空間認知] | 文字の フォントや コントラストに よっては みえにくくなる [視覚●視機能] | 手先が 不器用で、 指定した ページを めくれない [運動機能●巧緻運動] |

視点

　文字や文章を読むことに困難がある場合には、言葉をどの程度知っていて、文字をどのくらい読めるのかを確認しましょう。絵カードなどを使って、清音のひらがなを読むことから確認していきます。そして段階にあった配慮をおこないましょう。

　読める字が増えてくれば、文字を単語としてとらえることが早くなります。まだその段階にならず、逐次読みをしている場合には、読むこと自体にかなりの労力を使っています。読んでスムーズに理解することは難しいため、課題を調整しましょう。読み聞かせをおこなって、内容を理解することを経験させることも有効です。

　読むことには、文字のみえやすさも影響しています。読み飛ばしや勝手読みをする場合には、眼球運動の苦手さがかかわっていることもあります。

　文字のフォントやコントラストの程度によって文字の認識に時間がかかることがあるようなら、視機能の弱さによってディスレクシアやアーレンシンドロームがある可能性が考えられます。その場合には専門家との相談も必要になります。

　また、手先の不器用さがあり、指定されたページを探すことに手間取り、読むことにも時間がかかっているという場合もあるでしょう。

合理的配慮の例

読み上げ機能を使用する

読み聞かせをおこなうとともに、子どもが1人で音読の
学習を進められる手立てとして、デイジー教科書など、
読み上げ機能のある機器を使うことも有効です。
音声で読み方を確認し、内容も理解できます。

DAISY教科書：
https://www.dinf.ne.jp/doc/daisy/book/daisytext.html
文部科学省音声教材：
https://www.mext.go.jp/a_menu/shotou/
kyoukasho/1374019.htm

読みやすくする工夫をする
［眼球運動編］

単語と単語の間にスペースやスラッシュを入れると、
文字を1つのかたまりとして認識しやすくなります。
利き手の指で文字をなぞりながら読むことも、
眼球運動の補助になります。
また、下敷きで読むべき箇所以外を隠しながら、
下敷きをずらして読む練習をするのもよいでしょう。

読みやすくする工夫をする
［視機能編］

板書のコントラストを工夫することで、
みやすくなる場合もあります。
言葉がひとかたまりになるところで区切って
板書をするとよいでしょう。
専門家と相談し、
色眼鏡や色セロファンなどを使用する方法もあります。

読みやすくする工夫をする
［運動機能編］

不器用さがある場合には、
タブレット機器を使って電子書籍を読むと、
スワイプ機能などでページをめくることができ、
読むべき箇所を探しやすくなります。

定規、コンパスがうまく扱えない

定規でまっすぐな線が引けない

コンパスで滑らかな線が描けない

定規やコンパスで描いた線が
薄かったり濃かったりする

作図の授業を嫌がる

隠れた要因

両手の連動や手先の細かい動作に弱さがある

鉛筆を操作すると、定規を持つ手も一緒に動いてしまう	力が強すぎたり弱すぎたりして、道具をうまく扱えない	コンパスを使うとき、手首をうまく回せない	位置関係や奥行き、幅をとらえられない
［運動機能●両手動作］	［運動機能●巧緻運動］	［運動機能●巧緻運動］	［高次脳機能●空間認知］

視点

　定規やコンパスは力が強すぎても、弱すぎても上手に扱うことができません。適度に力をコントロールしながら、利き手と非利き手を連動させて操作をする必要があります。定規の場合、非利き手の動きがとくに重要です。書き始めたい箇所に非利き手で定規をあわせ、方向を微調整し、そのまま固定しながら、利き手で線を引いていきます。鉛筆で文字を書くとき以上に、非利き手の役割が重要になります。

　また、利き手の動きとして、鉛筆やコンパスを紙からはずれないように垂直方向に押しつつ、平面を滑らかに運筆することが必要です。コンパスの場合には軸を中心として、手首を回転させ、ペン先を紙にそわせていく動きになります。手首が上手に回せないと軸がぶれてしまい、円を描くことができません。

　眼球運動や立体視が苦手な場合、定規の目盛りがうまく読めなかったり、開始位置や運筆の方向、終了位置を見比べながら線を引くことがうまくできないこともあります。したがって、扱いやすい道具を用いることも有効です。

合理的配慮の例

紙を固定して滑りにくくする

紙を、マスキングテープや文鎮を使って固定すると、
定規やコンパスを使いやすくなります。
コンパスの場合、Qデスクシート[192ページ参照]を
用いると、紙だけでなく針もシートに刺さるので
動きにくくなり、操作がしやすくなります。

目盛りがみやすい定規を使う

定規の目盛りの表記はさまざまです。
目盛りや数字のコントラストがはっきりしているもの、
半透明のものなど、目盛りがみやすい定規を
用いることも有用です。

扱いやすい道具を使用する

Qコンパス[192ページ参照]は、
一般的なコンパスの突起部分につけて用いる
補助用具です。この器具を使うことで
コンパスの持ち手が立方体になり、扱いやすくなります。
利き手で90度ひねり、持ち替えてからまた
90度ひねれば、指や手首で細かな動きをしなくても、
円を描けるようになります。

Qスケール15[192ページ参照]という定規は
シリコンに覆われていて、本体が滑りにくくなっています。
手でおさえる位置が視覚的にわかりやすく
示されていて使いやすく、
定規を使うのが苦手な子に適しています。

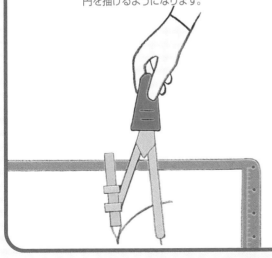

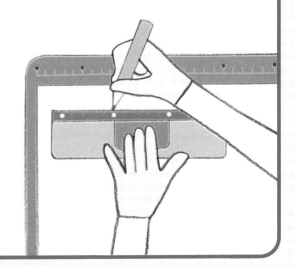

38 主要科目 グループ学習に参加しない［できない］

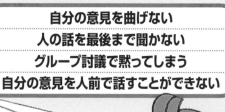

- 自分の意見を曲げない
- 人の話を最後まで聞かない
- グループ討議で黙ってしまう
- 自分の意見を人前で話すことができない

（イラスト内セリフ）
だから
私はこう思うから
この話は
次は〇〇さんの番だから

隠れた要因

自分の意見をいうことに意識が集中しすぎる

自分の意見をおしつけてしまう ［実行機能●反応抑制］	**会話の流れについていくことが難しい** ［高次脳機能●言語機能］	**相手の立場に立って考えることが苦手** ［心理●心の理論］	**人前で話すことに過度に緊張をしてしまう** ［心理●自尊心］

視点

　小学校高学年になると、グループ討議をする授業が増えます。グループ学習では自分の意見を伝えること、相手の意見を聞くことが必要です。相手の意見が自分と違っていても我慢し、納得して、グループの意見としてまとめあげていきます。自分の意見を主張してばかりで相手の意見を聞こうとしないと、グループでの学習は難しくなります。自制する力が求められるのです。

　グループ学習ではさまざまな人が話をするため、会話の流れを理解し、流れにあわせて発言をすることが求められます。言語理解や記憶力が必要になりますが、そこに弱さがある子は、話についていけないこともあるでしょう。

　また、相手の立場に立って考えることができないと、自分本位の話になり、相手に伝わりにくくなる場合もあります。

　緘黙がある子、人前で話すときに緊張しやすい子は、グループ学習に不安を抱きやすいため、とくに配慮が必要となります。

合理的配慮の例

学習のテーマやメンバーの発言を視覚的に示す

グループ学習のテーマなどを視覚的に提示しましょう。
黒板などに学習のテーマや具体的な内容、
話の流れなどを事前に書き出しておきます。
参加者がいつでもテーマを確認できます。

また、メンバーの発言を書き出して
整理することも有効です。
話の流れについていけない子が、
話を理解しやすくなります。
大項目の次に小項目ごとに書き出すと、
どの内容にどんな意見が出たのか、確認できます。
時系列にそって書いていくと、
話の流れもみて確認できます。

会話のルールや役割を決める

グループ討議では事前に
「人の意見を聞く態度、話をするタイミングや順番」
などをルールとして決めておくことが有効です。
役割分担を決めておくのもよいでしょう。
そのルールや役割を黒板に書いて提示すると、
理解しやすくなります。

事前に用意したカードを用いて発言する

緊張しやすい子には、
グループ学習の内容を事前に伝えておいて、
家庭で意見をカードなどに書き出してもらうのも
よいでしょう。発表の際には、
そのカードを読み上げるか、提出する形をとります。
その子なりの表現方法で参加できる環境を整えます。

39 図工・家庭 ハサミ、のりがうまく扱えない

ハサミで切った紙がジグザグしている
のりがはみ出してベトベトしている
図工の授業を嫌がり、参加しない

隠れた要因

両手の連動や、利き手の力加減に難しさがある

- 両手の動きを連動させることが難しい
  [運動機能●両手動作]

- 利き手の力が強すぎたり、弱すぎたりする
  [運動機能●筋力]

- のりが指や手につくのを嫌がる
  [感覚処理パターン●感覚過敏]

- 立体的な物をみる力が弱く、長さや奥行きをうまく計れない
  [視覚●視機能]

視点

　ハサミで物を上手に裁断するためには、利き手でハサミを持ち、非利き手で物をおさえることが必要です。両手が連動して動くことが欠かせません。

　非利き手では、裁断する前に、物に張りをもたせ、切りやすくする必要があります。画用紙のように張りがあるものと、布やリボンのように張りが少ないものとでは、裁断のしやすさが異なります。また、裁断する物の硬さによって、利き手でハサミを開閉するスピードや力の入れ方をコントロールする必要もあります。

　利き手も非利き手も、タイミング・位置・力加減を都度修正する必要があるわけです。スムーズに切り進めるためには、裁断しているその先をみながら、連続で切り進めることも必要でしょう。手と目の動きを連動させることも重要です。

　のりを扱うときは、ボトルから適切な量を取り出すことがポイントになります。のりを指につけすぎると、紙からのりがはみ出してベトベトしてしまいます。感覚の過敏などがあり、ベトベトしたものを触ることが苦手な場合には、配慮が必要です。

合理的配慮の例

制作工程を調整する

苦手意識が強くなっている場合には、
無理に参加させるのではなく、本人が主体的に
参加できる工程のみをおこなうのもよいでしょう。
それ以外の工程は事前に家庭で準備したり、
その場で先生が手伝って準備したりします。

ハサミを使いやすいものに替える

プラスチックのハサミではなく、
よく切れる金属製のハサミを用意するとよいでしょう。
また、利き手の指の分離運動が不十分な場合は、
バネ付きハサミ[192ページ参照]やカスタネットハサミを、
大人と一緒に使用して練習しましょう。

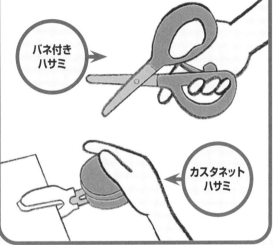

バネ付き
ハサミ

カスタネット
ハサミ

物をおさえる道具を使う

非利き手でも物の張りを保つことが難しい場合には、
事前に小さく切っておくことや、
Qカット[192ページ参照]など、
物をおさえる道具を用いることが有効です。
1人でハサミを扱うことが危ない場合には、
事前に紙にミシン目を入れるなどし、
手で切れるようにしておくのもよいでしょう。

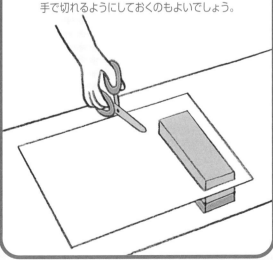

のりを使いやすいものに替える

のりに対して感覚過敏がある場合には、
ベトベトが手つきにくい
スティックのりやテープのりを使いましょう。
のりを出しておく量は、
最初は大人が調整する必要があります。
位置の調整が難しい場合には、
色付きのスティックタイプを用いると
有効です[192ページ参照]。

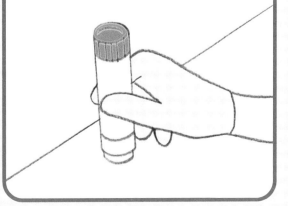

40 絵が描けない

図工・家庭

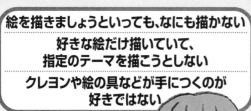

- 絵を描きましょうといっても、なにも描かない
- 好きな絵だけ描いていて、指定のテーマを描こうとしない
- クレヨンや絵の具などが手につくのが好きではない

隠れた要因

絵に描く内容をイメージできない場合がある

イメージができずなにを描くかがわからない ［実行機能●作業記憶］	立体的に物をとらえることが苦手で模写が難しい ［高次脳機能●空間認知］	手にクレヨンや絵の具などのベトベトがつくのが苦手 ［感覚処理パターン●感覚過敏］	指や手のひらで力をコントロールすることが難しい ［運動機能●巧緻運動］

視点

　絵を描くことが苦手な要因は、いくつか考えられます。

　絵を描くためには、記憶から物事を想起する必要があります。そして物事の全体像をとらえ、焦点化することも必要です。なにを描くか思い出したり、焦点化することが難しい場合には、どの部分のなにを描いてよいかがわからないことがあります。また、立体的に物をとらえる力が弱くても、どのように描いてよいかわからなくなります。その場合、描く内容を写真や見本でみせることが有効です。

　好きなテーマは描けるものの、指定のテーマを描きたがらないという子もいます。その場合も、見本をみせる対応が同じように有効です。

　感覚過敏がある場合、手指の分離運動の苦手さがある場合は、描く内容よりも、描くときの手先の操作に影響します。クレヨンや絵の具などが手につくことを嫌がるのであれば、道具を工夫することが必要です。筆圧が弱くて絵がうまく描けないという場合もあるでしょう。その場合も、手の発達にあわせた筆記具を用意し、描くことを補助してください。

　なにをどのように描くかよりも、少しでも描けたらほめて、まずは描くことを好きになるように、指導しましょう。

図工・家庭

102

合理的配慮の例

基本的な図形を組み合わせて絵を描く

なにを描いたらよいかわからない場合には、
基本的な形で構成した見本を用意し、
それをみながら描くとよいでしょう。
図形を組み合わせて紙に貼るやり方にしたり、
図形を書く枠を用意して、支援するのも有効です。
三次元の物を二次元に変換して絵として起こすのが
難しい場合も、この方法が有効です。

事前にテーマを決めて準備する

絵のテーマを事前に伝えておくと、
想像するのが苦手な子、好きなテーマだけを
描きたい子が、事前に準備できます。
そのテーマについて思い出し、描くことを選んだり、
話し合ったりする時間を設けるのもよいでしょう。

写真を見本にして模写する

描く内容を絞り込むのが苦手な場合には、
写真を撮って、それをみながら描くのもよいでしょう。
三次元の物を二次元で示せるので、
模写がしやすくなります。
写真を撮る際に、そのまま絵に描ける構図で
撮影しておくことが重要です。
また、トレース台を用いると写し描きができるので、
抵抗なく模写に取り組めます。

道具を工夫して描きやすくする

クレヨンや絵の具の感触を嫌がる場合には、
手につきにくいクレヨンやマジックを使いましょう。
マジックは色が濃く出やすいので、
筆圧の弱い子にも有効です。
紙がずれてしまう場合には、
クリップボードやマスキングテープで固定する方法が
あります。

41 粘土が苦手

図工・家庭

- 粘土を触りたがらない
- 粘土を触ったあとに、すぐに手を拭う
- 図工の時間を嫌がり、参加しない

洗ってきていいですか？

隠れた要因

感覚的に苦手な場合と、見立てや操作が苦手な場合がある

粘土の感触やにおいがどうしても苦手 [感覚処理パターン●感覚過敏]	なにかに見立てて形を整えることができない [高次脳機能●空間認知]	指や手のひらで力をコントロールすることが難しい [運動機能●巧緻運動]	描く素材がわからず、不安になる [高次脳機能●言語機能]

視点

　粘土を扱うときは直接素材に触れるため、感覚の過敏さがあると、感触を嫌がる場合があります。子どもの感覚を他者が想像することは難しく、一般的な感覚から考えて無理強いをすることは禁物です。子どもの様子をみながら、道具を使って直接触れないようにする、受け入れられる素材から始めるといった配慮をしましょう。

　粘土はいろいろな形に変形できる、自由度の高い教材です。なにかに見立てて想像すること、なにかを発想して形を変形させていくことが苦手な場合には、造形が難しくなることがあります。立体的にとらえることが難しい場合、奥行きや高さをイメージしにくい場合も、同様に造形が難しくなりがちです。

　粘土はやわらかく、また、粘性の低い素材です。ちぎれやすいので、形を整えるときに手指の繊細なコントロールが必要になります。粘土を使った活動には、手指の分離運動や力のコントロール、両手の協調性も必要となります。

　粘土がなにでできているのか、素材がわからないと不安になるという場合もあります。その場合、小麦粉粘土であれば、小麦からできていることが理解しやすく、触れるようになることもあります。

合理的配慮の例

感覚過敏に配慮する

触覚の過敏さがある場合には、
型抜きや粘土棒、形を整えた粘土などを用意し、
直接触れる機会を減らしましょう。
型抜きでつくったものを、ブロックを組み合わせて
合体させ、作品に仕上げるのもひとつの方法です。
嗅覚の過敏さがある場合には、
素材の変更や空気の入れ替えが有効です。

粘土の素材を変更する

小麦粉に水を足すと、
小麦粉粘土をつくることができます。
小麦粉粘土で水分量を調整し、
粘りや張り付きの程度を調整するのもよいでしょう。
また、紙粘土やキネティックサンドなど、
触れやすい（受け入れやすい）素材のものを
準備することも有効です。

具体的に見本を提示する

想像力や立体的な思考が弱い場合には、
どのようにつくるか相談したり、
簡単な形で構成された見本を提示するとよいでしょう。
また、1色の粘土ではイメージしにくい場合には、
色のついた粘土を用いることで、
イメージがふくらみやすくなるように配慮しましょう。

扱いやすい道具を使う

手指のコントロールが難しく、
粘土の形が整わない場合には、
使う道具を工夫しましょう。
粘土棒をうまく扱えない場合には、
板を使って粘土の形を整える方法もあります。
力加減が苦手な子でも、
粘土に均等に力を入れることができます。

42 工作が苦手

工作で、計画的に作業することができない

指定された物ではなく、好きな物をつくっている

工作を嫌がって授業に参加しない

隠れた要因

作業を計画的に進めていくことができない

どのようにつくるか、計画を立てられない
［実行機能●計画立案］

空間把握能力が低く、折ったり組み立てたりするのが苦手
［高次脳機能●空間認知］

指や手のひらで力をコントロールすることが難しい
［運動機能●巧緻運動］

道具をうまく扱えない
［高次脳機能●運動企画］

視点

　工作をするときには、完成図を先に思い浮かべる必要があります。なにをつくるのか、どのようにつくるのかを考え、作業の種類や順番などを整理しながら、作品を組み立てていきます。実行機能が弱い子は、計画を立て、適宜修正しながら作品をつくり上げていくことが難しくなる場合があります。

　空間認知の把握には、自分の体を中心にして前後左右上下といった空間の広がりを理解することが必要です。その上で、物の立体的な構造を理解していきます。それが難しい場合には、紙などに目印をつけ、視覚で確認しやすい環境を整えることが必要になります。

　粘土だけを使う場合と違って、工作では材質の異なるさまざまなものを同時進行的に扱うことがあります。その場合には、感触の感じ方、力加減の仕方などが、より複雑になります。材質にあわせて手指をコントロールする必要があり、他の各活動以上に、手先の不器用さが影響します。また、道具をどのように扱えばよいかという運動のプランニングが難しいために、工作が苦手になるケースもあります。本人が扱いやすい道具の検討も必要でしょう[39参照]。

合理的配慮の例

目印をつけて構造をわかりやすくする

空間認知が弱い場合には、紙や箱などに目印をつけて、
どことどこをあわせればよいか、
わかりやすくするとよいでしょう。
工作物の構造を把握しやすくなります。

ビデオで作業手順をみせる

作業を事前にビデオで撮影しておくのも、
よい方法です。計画的な作業が苦手な場合には、
工程ごとに映像を確認すると、
作業の内容や手順をイメージしやすくなり、
順序よく作業できます。

完成に近いところから作業する

工程が多くて子どもが対応できない場合は、
完成に近いところまでは準備しておき、最後の工程を
本人が行えるようにするのもよいでしょう。
作業に達成感を味わうことができます。

複数の子で分業する

本人の興味が向く作業・得意な作業に
集中できるように、
複数の子で分業しながら
作品を完成させることも有効です。

- 力加減が苦手で、物を壊してしまう
- 体の動きがぎこちなく、無駄な動きが多い
- 工具や調理器具をよく落とす
- 図工や家庭科、理科の授業を嫌がる

隠れた要因

力加減や距離感を把握することが難しい

| 彫刻刀や包丁などを使うときに力が入りすぎる [運動機能●筋力] | 物をおさえながら、利き手で道具を操作することが難しい [運動機能●両手動作] | ボディイメージが弱く、体と物との距離感がつかみづらい [深部感覚●関節覚] | 立体的な物の見方や位置関係のとらえ方が未熟 [高次脳機能●空間認知] |

視点

　彫刻刀や実験機材などの工具、包丁などの調理器具などを扱うときにも、ハサミ[39参照]などの操作と同様に、手の機能の発達が関連します。工具や調理器具は、力が強すぎても弱すぎても、上手に扱うことができません。適度に力をコントロールしながら、利き手と非利き手を連動させて操作する必要があります。

　両手動作では、一定の方向に力を入れるだけではなく、固定と操作という2つのベクトルで力を入れることが求められます。固定が弱いと物が動いてしまうため、上手に道具を扱うことができません。一方、操作する側も、固定している物の位置や大きさ、素材にあわせて、力を加減する必要があります。

　紙や木などのように、繊維の向きで作業のしやすさが変わる物もあります。繊維にそって掘ったり切ったりする場合は、力を入れすぎると破れたり壊れたりします。反対に、繊維を切る作業では、強い力が必要となります。

　工具や調理器具を扱うときには、自分の体の位置関係や空間を把握する力も必要です。自分と物との距離感をつかめないと、操作に影響が出ます。操作の開始位置と終了位置を見比べながら、目で物の位置を正確にとらえることが重要です。そのため、目と手の協調性が弱い場合には、工具や調理器具の扱いが苦手になりがちです。

合理的配慮の例

刃物を扱うときには、物を補助具で固定する

彫刻刀やノコギリなどの刃物を扱うときには、
安全のために補助具を用いるとよいでしょう。
とくに、両手を協調的に使用することが苦手な場合や、
非利き手で物をおさえる力が足りない場合には、
滑り止めマットや万力を使って、
物を固定することが有効です。

器具を使わない役割をもたせる

理科の実験など、活動内容が複雑な場合には、
本人が主体的に参加できる工程を
担当させるとよいでしょう。
実験器具の扱いがどうしても難しければ、
器具は他の子が扱い、本人には記録など、
別の役割をもたせるようにします。

見学することも学習の一環とする

実験や調理などの活動は、分業できるものです。
1人ですべての工程おこなうことを求めるのではなく、
ほかの子の作業をみて学ぶことも
学習スタイルとして認めましょう。
見学した結果をノートやプリントなどに書かせる方法も
あります。

食材を切らない方法・切りやすい方法を教える

包丁の扱いが難しい場合には、
フードプロセッサーやキッチンバサミを使うことも
有効です。また、かぼちゃなどの固い物は
先にゆでておくと切りやすくなります。
野菜など、まな板の上で転がりやすい物は、
半分に切って面の部分をつくると
安定しやすくなります。

段取りよく調理実習ができない

調理台の前で、
食材や道具を持って往復している

作業は丁寧だが同時進行できず、
時間がかかりすぎてしまう

必要な物の準備を整えることができない

隠れた要因

実行機能が弱くて、臨機応変な対応が難しい

調理の流れが理解できていない	複数のことを同時進行するのが難しい	道具や食材を置いた位置を忘れてしまう	臨機応変な対応が難しい
［実行機能●作業記憶］	［実行機能●注意機能］	［実行機能●作業記憶］	［実行機能●柔軟性］

視点

　調理実習では、食材と調理器具を準備し、工程にそって調理をしていきます。準備を整え、工程を理解しておくことで、調理を効率よく進めることができます。そのため、作業の流れを理解する力が弱い場合、調理実習が苦手になることがあります。

　例えば、パスタをつくる場合には、パスタソースに使う食材をそれぞれにあったサイズで切っていくのと同時に、鍋に水を入れて加熱し、お湯を沸かしていくことがあります。ソースの調理と、パスタをゆでることも、同時進行になることがあるでしょう。そのように、複数の作業を同時におこなうことが苦手な場合、調理を進めていくのが難しくなることもあります。

　調理工程の全体を理解し、計画的に取り組む力や、複数の作業に優先順位をつける力、食材や道具の位置を記憶しながら調理を進めていく力は、実行機能や高次脳機能を必要とするものです。それらが弱い場合には、調理実習が苦手になりやすいので、配慮を検討しましょう。

合理的配慮の例

準備や調理に メモを活用する

必要な食材や調理器具を、紙にメモして渡しましょう。
工程を進めるたびに道具を探して歩き回るような
トラブルが減ります。
また、作業の動線を考慮して、
食材や調理器具を扱いやすい位置に
配置しておく方法もあります。

レシピ本を 手順書として用いる

料理のレシピ本やレシピ動画を活用しましょう。
工程を具体的に示すことができ、
子どもが無駄のない動きで取り組めるようになります。
準備や片付けの手順書もつくって示すことができれば、
より効率的になります。

作業工程ごとに エリアを分ける

「食材を切るエリア」「加熱調理するエリア」
「調理器具を洗うエリア」など、
工程ごとにエリアを分けて作業できるようにします。
作業の流れがわかりやすくなり、
また動線も明確になるので、
子どもが混乱しにくくなります。

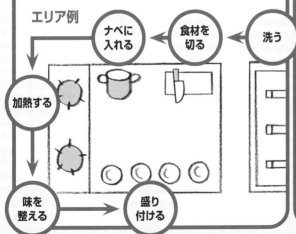

得意な作業を分担させる

作業の同時進行が難しい場合には、
1つの作業に集中してもらうようにしましょう。
工具を使う場合[43参照]と同じように、
苦手な作業ではなく、フードプロセッサーを使うなど、
得意な作業を分担できるようにします。

45 裁縫ができない
図工・家庭

時間がかかる、進まない

裁縫をしないで、他のことをしている

裁縫を他の子にやってもらっている

家庭科を嫌がる、イライラする

隠れた要因

両手動作が苦手な子には、難しい課題となる

**針と布を
同時に
操作していく
ことが難しい**
［運動機能●両手動作］

**布をおさえる
動作に
力が入りすぎて、
うまくできない**
［運動機能●協調運動］

**手元が
みえないと
操作できない**
［深部感覚●関節覚］

**立体的に
物を
把握することが
苦手**
［高次脳機能●空間認知］

視点

　裁縫は、両手の協調的な動きが強く求められる作業です。

　針と糸で縫い物をする際には、非利き手で布をしっかりと張りながら、利き手で針を布に通していきます。布はやわらかいため、利き手と非利き手で布の張りを維持し続ける必要があります。そのため、利き手では針を操作しながら、同時に尺側では縫った布を引っ張りまとめていくという形で、針を持って操作しながら、同時に布の張りも調整しなければいけないということになり、非常に難易度が高くなるのです。

　細かな両手動作に加えて、針を操作する力加減、布に張りをもたせる力加減も必要です。また、手と針、布の位置関係を把握する視知覚の働きも重要になります。裏地に針を通すときには、みえない部分で針の位置を把握しながら操作を進める必要があり、作業がとくに複雑になります。手先の動きの感覚をつかむ力が弱い場合、操作が難しくなることもあります。

合理的配慮の例

ミシンを使用する

手縫いでの操作が難しい場合は、
ミシンを使用するのもよいでしょう。
足踏みミシンやスイッチで操作できるミシン、
ホッチキスのような小型のハンディミシンなど、
さまざまな種類があります。

ミシンにはさまざまな機能があります。
ボタンをつけられるミシンなどもあるので、
難しい作業のときにミシンを使うのもよいでしょう。
ただし、ミシンは設定が難しいものが多いので、
設定は先生がおこなってください。

布テープを使って
貼り合わせる

針と糸で縫うのではなく、布テープを使って、
アイロンで布を貼り合わせることも可能です。
布を切って縫い合わせる代わりに、
そのようなテープを用いることを教えるのも、
1つの方法です。

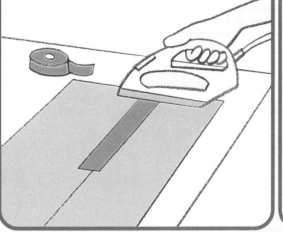

社会資源の利用法を
伝える

裁縫が苦手でなかなか身につかない子には、
クリーニング店など、社会資源の利用法を
伝えるのもよいでしょう。
ボタンつけをお願いできることなどを教えて、
その子が社会に出たとき、店舗を利用できるように、
指導します。

歌わない、楽器を演奏しない

- 合唱や合奏に参加しない
- 息継ぎが苦手で、歌や演奏のタイミングがずれる
- 大きな音を怖がり、耳をふさぐ

隠れた要因

覚えること、タイミングをあわせることが難しい

歌詞や音程、リズムを覚えるのが苦手 ［実行機能●作業記憶］	声量の調整や息継ぎが難しい ［運動機能●協調運動］	大きな音や不協和音などが苦手 ［感覚処理パターン●感覚過敏］	人前で歌うこと・演奏することが恥ずかしい ［心理●自尊心］

視点

　歌や楽器の演奏では、歌詞や音程、リズムなどを覚える必要があります。合唱・合奏の場合には、伴奏や指揮者の動き、まわりの人のタイミングにあわせるということも必要になります。

　覚える力が弱い場合や、タイミングをあわせることが難しい場合には、音程やリズムがまわりとずれて目立ってしまうことがあり、音楽の授業が苦手になりがちです。タイミングとしては息継ぎがとくに重要になりますが、声量を調整して一定の箇所で息継ぎをすることが必要です。調整が苦手な場合、途中で息切れを起こしやすくなります。

　感覚の過敏さがあって、大きな音や複数の人の声が混じっている音を苦手とする場合もあります。合唱・合奏はとくに不協和音が生じやすいので、注意しましょう。

　また、練習することはできても、発表会などで人前に立つと、過度に緊張してうまくできなくなる子もいます。

合理的配慮の例

本人が参加できる役割に

歌うことや特定の楽器の演奏にこだわらず、
音楽を楽しむことを目的として、
役割を柔軟に設定しましょう。
本人が扱える楽器を検討したり、
場合によってはナレーションなどの役割を
与えるのもよいでしょう。

入りやすいタイミングを用意しておく

歌い出しや演奏始めのタイミングを、
曲の途中にも複数決めておきましょう。
途中でリズムがずれ、わからなくなってしまったときに、
そこからもう一度参加できるようになります。
先生が合図を出したり、
歌唱中・演奏中に歌詞や楽譜を確認できるように、
つねに提示しておくのもよい方法です。

赤とんぼ

夕 やけ子やけの

赤 とんぼ

負 われて

見 たのは

いつの日か

少人数での活動を設定する

練習中は音が揃いにくく、
不協和音が生まれやすいものです。
聴覚の過敏さがある場合には、
音が入り混じらないように配慮して、
楽器ごとに教室を分けたり、
少人数での活動を設定したりするのもよいでしょう。

イヤーマフなどを使用する

感覚過敏がある場合には、イヤーマフの使用や、
特定の音域を遮断できるヘッドホンの使用も
検討します。また、
教室に吸音材を貼ることで、音の反響を抑制できます。
反響が気になる場合には、
反射物の少ない屋外で練習するのも1つの方法です。

47 音楽 鍵盤ハーモニカ[リコーダー]が吹けない

> リズムにあわせて楽器を演奏できない
> 楽器を吹いていると、よだれが出る
> 楽器の音が強すぎたり、弱すぎたりしている

隠れた要因

手指と唇、目を同時進行で動かすことが難しい

両手の指を滑らかに動かすことができない	楽器に唇をつけて保持することが難しい	演奏中に楽譜やまわりの様子に注意できない	息を吐く量の調整が難しい
[運動機能●巧緻運動]	[運動機能●口腔機能]	[実行機能●注意機能]	[運動機能●協調運動]

視点

　鍵盤ハーモニカやリコーダーを演奏するためには、マウスピースを口唇で固定し、一定に息を吐くという動作が必要です。手指の動きと呼吸を連動させる必要があり、手指の運動機能だけでなく、口腔機能も必要になります。口腔機能が弱い場合には、唇の形を保持できず、演奏中によだれが出てしまうことがあります。

　また、演奏しながら楽譜をみたり手元を確認したりして、複数のことを同時進行しなければいけません。実行機能に弱さがある場合には、同時進行の難しさから演奏が苦手になることもあるでしょう。

　リコーダーは、両手の指を分離運動させ、滑らかに動かして演奏する必要があります。鍵盤ハーモニカでも同様の動作をしますが、難しい場合には片手の指だけで演奏したり、1本の指だけで演奏するという対応をとることもできます。リコーダーのほうが難易度が高いといえるでしょう。

　合奏の場合には、指揮者の動きやまわりの演奏にタイミングをあわせる必要があります。周囲をみること、タイミングをつかむことが苦手な場合には、合奏に難しさを感じやすくなります。

合理的配慮の例

ショートゴールを設定する

手指の動作に難しさがある場合には、まずは鍵盤ハーモニカを1本の指で演奏することから始めましょう。最初はリズムも気にしないで、1本の指で鍵盤をおさえ、演奏を楽しみます。1音を鳴らせるようになることから、自信をつけていきます。

1本の指で音を鳴らせるようになったら、少しずつ、曲の演奏にもチャレンジします。最初は演奏する音を少なくして、簡単な課題を設定しましょう。ショートゴールを設定して、徐々に曲を弾けるように練習していきます。リコーダーの場合も同様です。

鍵盤ハーモニカ ショートゴール①
1人で1本指で音を出す

鍵盤ハーモニカ ショートゴール②
1人で1本指で曲を演奏する

鍵盤ハーモニカ ショートゴール③
1人で1本指で曲を演奏する［音は減らす］

鍵盤ハーモニカ ショートゴール④
1人で複数の指で曲を演奏する

鍵盤ハーモニカ ショートゴール⑤
他の子と一緒に演奏する

楽譜の音程を色分けして示す

音程に色をつけて示すと、音程を意識しやすくなります。楽譜には音程ごとに色を塗り、鍵盤に同じ色のシールを貼り付けます。どの指でどの鍵盤をおさえるのか、視覚的に提示することも有効です。

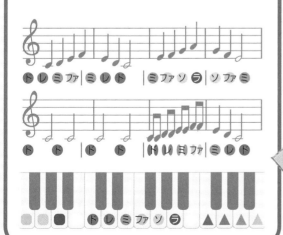

演奏しやすいキーボードを活用する

手指の操作はできても、口腔機能や目の動きの同時進行が難しい場合には、キーボードやオルガンのように、息継ぎが不要で手元をみやすい楽器を練習し、合奏に参加するのもよいでしょう。

楽譜が読めない

楽譜をみながら歌おうとすると、タイミングがずれる

楽器を演奏するとき、楽譜とずれた音を弾いている

楽譜に音程を書き込んでも、その通りに歌ったり演奏したりできない

隠れた要因

文字を読めない、音程の位置を把握できない場合がある

楽譜だけでなく、文字が十分に読めない [高次脳機能●言語機能]	位置関係を把握するのが苦手で、楽譜を読み間違える [高次脳機能●空間認知]	音程を覚えて、演奏することができない [実行機能●作業記憶]	楽譜を読んでも、その通りに手指を動かせない [運動機能●巧緻運動]

視点

　楽譜が読めない場合には、文字が読めないことや、位置関係を把握することが苦手で楽譜を読み間違えてしまうことなどが考えられます。まずは文字を読めるかどうかをチェックしましょう。文字が読めていれば、楽譜に音程を文字として書き込むことで、読み間違いが解消する場合もあります。

　楽譜を読むことはできていても、読み取った音程と鍵盤の位置を一致させることが難しいという場合もあります。読み取った音程を覚えておく力や、読み取った音程の通りに手指を動かす運動機能がかかわります。

　楽譜を読めるようになると、歌うことや楽器を演奏することが簡単になり、音楽を楽しみやすくなります。しかし、楽譜を読むことが苦手な子に無理に読ませようとすると、楽譜を読むことに労力を使ってしまい、歌うことや演奏することが難しくなります。また、合唱・合奏では楽譜を読むことに気をとられて、まわりとタイミングがずれてしまうこともあります。歌や演奏自体はできているという場合には、楽譜を読むことを無理強いしないという配慮も必要です。

合理的配慮の例

楽譜を読まないで打楽器を使う

トライアングルや太鼓などの打楽器であれば、
楽譜を細かく読まなくても演奏できる場合があります。
リズムをつかむことは問題なくできるようであれば、
打楽器を担当させるのもよいでしょう。

音符にルビをふり、音の長さも書く

楽譜を読むことが難しい場合、
まずは音符にルビをふります。
音の長さを全角・半角文字や「ー」で表現すると、
わかりやすくなります。
最初は演奏ではなく、音符を読み上げて、
リズムや長さを覚える練習をするとよいでしょう。

コード表タイプの楽譜をつくる

五線譜の場合、線の間が狭くてみえにくいため、
位置関係の把握が苦手な子には
どうしても読みにくくなります。
ギターやウクレレのコード表のように、
手指でおさえる箇所を示した表をつくってみせるのも
よいでしょう。

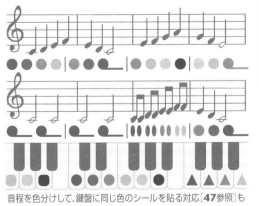

音程を色分けして、鍵盤に同じ色のシールを貼る対応［**47**参照］も
有効です。

スタート音をコード形式で示す

曲のなかにキーとなる音をいくつか設定し、
それぞれをコード表タイプの楽譜で示しておくと、
合奏がずれてしまったときに、
そのポイントで手指の位置を確認し、
演奏に戻ることができます。

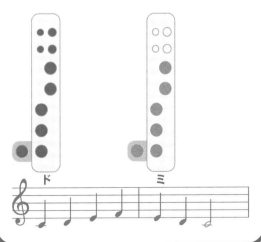

1人で着替えることができない

時間内に着替えが終わらず、
授業に遅れてしまう

シャツがはみ出る、
ボタンが留まっていないなど、
だらしない印象になる

なかなか着替えに取り組まない

隠れた
要因

手順がわからず、タイミングよく着替えられない

| 着替えの手順が
わからない
［実行機能●計画立案］ | 時間の感覚を
つかめていない
［実行機能●優先順位］ | 衣服の操作が
苦手で
時間がかかる
［運動機能●巧緻運動］ | 他のことに
気をとられる
［実行機能●注意機能］ |

視点

　着替えに時間がかかる場合、実行機能の弱さから着替えの手順がわからないこと、時間の感覚をつかんでいないために急げないことが考えられます。また、巧緻運動の苦手さによって衣服の操作がうまくできないこともあります。

　他にも、ボディイメージがうまく育っていないために、衣服のどこに手や足を通せばよいのかがわからず、時間がかかるという場合もあるでしょう。

　どの子どもでも、上手に着替えることができず、だらしない印象になって注意され続けると、着替えに対する意欲だけでなく、着替えが必要な教科への意欲も低下することがあります。

　なかなか着替えに取り組まない場合は、他のことに気持ちが向いていたり、体育が苦手で着替えたくないという気持ちがあったりします。性的マイノリティの子どもは、他の子どもと同じ空間での着替えが難しいことがあります。

合理的配慮の例

手順書をつくる

手順書をつくって、
着替え方を確認できるようにしましょう。
ボタンの掛け違い、シャツのはみ出しなど、
出来映えのチェックリストをつくると、
セルフモニタリングの力を高めることもできます。

- ☐ 襟は外に
  出ていますか?
- ☐ ボタンをすべて
  留めましたか?
- ☐ シャツをなかに
  しまいましたか?
- ☐ 靴下の裏表は
  あっていますか?

タイマー・音楽を使う

着替えの時間を視覚的に示したタイマーを使ったり、
着替えの時間に決まった音楽を流したりすることで、
着替えに取り組むタイミングをわかりやすくしましょう。
終わりの見通しや時間を意識することが
できるようになります。

着替えのスペースを用意

椅子や床に座ったほうが着替えやすい子、
1人のほうが着替えやすい子のために、
着替えのスペースを用意します。
教室や体育館から遠いと移動に時間がかかるので、
学校全体で場所を検討しましょう。

着脱しやすい衣服にする

体育のある日はジャージで過ごすなど、
着脱しやすい衣服を使うのも1つの方法です。
制服のボタンやファスナーを変更する、
ズボンのベルトをゴムにするといった
工夫もよいでしょう。

後ろ前や裏表がわからない

正しく衣服を着ることができず、
だらしない印象になる

着替え直すため時間がかかる

衣服をきれいにたたんだり、
しまったりできない

隠れた要因

衣服の構造がわかっていない

衣服の構造が理解できていない	衣服の裏表の返し方がわからない	衣服の操作が苦手で正しく整えられない	後ろ前や裏表に気がつかない
［高次脳機能●空間認知］	［高次脳機能●言語機能］	［運動機能●巧緻運動］	［実行機能●注意機能］

視点

　衣服の後ろ前や裏表がわからない場合、衣服の構造を理解していないことや、教室や更衣室の限られたスペースでは服を広げて確認することができないため、どうやって扱えば衣服の裏表を返せるのかがわからないことがあります。

　また、衣服の構造を理解していても、巧緻運動の苦手さによって衣服の操作がうまくできず、正しい形に整えられないこともあります。

　注意機能の弱さによって、間違って着ていることに気がつかない場合や、出来映えを確認するためのセルフ・モニタリングができていない場合も考えられるでしょう。

　そのような背景から、何度も着替え直すことで時間がかかって授業に遅れたり、授業に参加できなくなってしまうことがあります。また、着替え終わっても、衣服を正しく着ることができず、だらしない印象になってしまうことがあります。

合理的配慮の例

チェックリストをつくる

衣服の後ろ前や裏表がわかるように、
写真でチェックリストを提示して、
確認できるようにします。
正しく整える手順書をつくるのもよいでしょう。

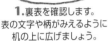

1.裏表を確認します。
表の文字や柄がみえるように
机の上に広げましょう。

2.袖は表に出ていますか?

3.外側から手を入れて
袖をにぎります。

4.袖を引っぱり出して
形を整えましょう。

広いスペースを用意する

服を広げて全体の構造を確認できるように、
広いスペースや机を用意します。
広いスペースで衣服を操作することで、
裏表を整える動作がやりやすくなります。

ハンガーラックを使う

ハンガーラックを用意します。
脱いだ衣服をたたむのではなく、
掛けるようにすることで、
服の全体の構造を確認しやすくなります。

衣服に目印をつける

衣服の裏表、前後がわかりやすいように
目印をつけます。
学校で決められた無地の靴下は
裏表がわかりにくいので、
親指部分に印をつけるなどの工夫をします。

51 体育 体操着に着替えることが嫌い

なかなか着替えに取り組まない

体操着になるとイライラする

体育の授業に参加しない

隠れた要因

触覚の過敏さや体操着への抵抗感がある

触覚の
過敏さにより、
体操着の素材が
苦手
[感覚処理パターン●
感覚過敏]

運動が苦手で
体育への参加を
拒否している
[運動機能●協調運動]

時間内に
着替えることが
できない
[実行機能●計画立案]

体操着の
透けやすい
素材や色が
苦手
[心理●不安]

視点

　触覚の過敏さがあると、Tシャツやジャージなどの素材が苦手で、特定の衣服に着替えることを嫌がる場合があります。体操着が苦手な場合には、体操着に着替えることが嫌いになり、その結果、体育の授業に参加しなくなることもあるでしょう。体操着がTシャツや短パンの場合には、日の光や風が素肌にあたるということで、体操着を嫌がる子もいます。

　着替えることが苦手で授業に遅れてしまうという場合や、運動が苦手で体育に参加したくないため、着替えを嫌がっているという場合も考えられます。

　また、性的マイノリティの子どもや思春期を迎えた子どものなかには、体操着の透ける素材や色に対して抵抗感を覚える子もいます。子どもの気持ちや心身の成長にあわせて、適切な素材・色の体操着を用意する必要があります。

合理的配慮の例

体操着の選択肢を増やす

子どもが着ることのできる素材、着替えやすい運動着を選べるようにします。
学校全体で、選択肢を増やすための取り組みをする必要があります。
また、気温や天候だけでなく、体調にあわせて体操着を選べるようにするのもよいでしょう。
感覚の過敏さは日によって変わることがあるので、柔軟な対応が必要です。

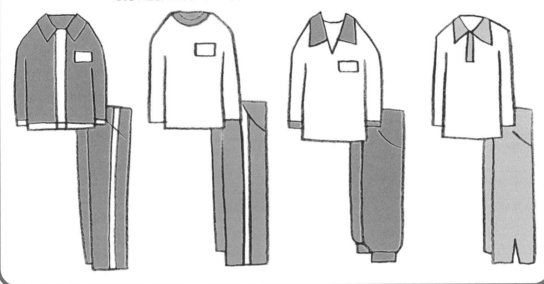

長袖・長ズボンを使う

日の光や風が素肌に当たることを嫌がる場合には、
長袖や長ズボンのほうが
安心して過ごせる場合もあります。

苦手な運動を把握する

苦手な運動をやるのが嫌で
体操着に着替えないことが考えられます。
保護者や本人に確認し、
ショートゴール［53参照］を設けたり、
できるところだけおこなうなど、
参加できる工夫をします。

52 体育 運動が苦手で体育を嫌がる

- 体育の授業に参加したがらない
- 体育の授業がある日に欠席する
- 体育の授業中にしゃべったり、ふざけたりする

隠れた要因

体の動かし方やルールなどがわからない

お手本に注意を向けるのが難しい	うまく動くことができない	ルールや授業の流れが理解できない	大声や反響音などが苦手
［実行機能●注意機能］	［高次脳機能●運動企画］	［実行機能●計画立案］	［聴覚、感覚処理パターン●感覚過敏］

視点

　体育の授業では、お手本をみて学ぶ時間が多くあります。集団のなかでお手本に注意を向けるのが難しい子や、自分の動きを確認することが難しい子は、運動の方法がわからなくなってしまい、参加を嫌がることがあります。

　また、運動のルールや危険を避けるための約束が理解できず、他の子どもと協力することが難しくなって、体育を嫌がるようになるケースもあります。その場合、運動の「準備」「課題の理解」「練習」「振り返り」といった授業の流れについても、見通しをもつことが難しく、いつまでも運動を続けてしまうことがあります。

　体育館では、先生の指示する声、他の子の声援、足音やボールの跳ねる音など、さまざまな音が反響して、いろいろな方向から聞こえてきます。聴覚過敏がある場合、それらの音がストレスになって体育を嫌がることもあります。

合理的配慮の例

お手本を動画で確認する

お手本を動画にして、
何度もみることができるようにします。
動画であれば、スローモーションでも確認できます。
動作を静止画のポスターにして大きく提示し、
注意を向けやすくするのもよいでしょう。

運動の回数や時間を明確にする

ホワイトボードやタブレットなどに
運動の回数や時間を書きます。
数や時間の理解が難しい場合は、
洗濯ばさみを服につけて
運動が1回終わるごとにはずし、
全部なくなったら次に進むといった
視覚的な支援が有効です。

道具やルールの工夫

聴覚過敏への配慮として、
クッション性のあるボール、木製のバットなど、
音の出にくい道具を用意します。
また、鬼ごっこで大声や大きな足音を出さないルールを
取り入れるなどの方法もあります。

観戦方法を学習する

スポーツの観戦方法の学習として、
声援を送る際のマナーや声の大きさなどを
話し合います。
大きな音が出る場面を把握すると、
ストレスが軽減することがあります。

53 体育 すぐ疲れてしまう

体を動かさずに座っている
ダンスなどで力が入りすぎて疲れる
睡眠時間が足りなくて疲れやすい

隠れた要因

運動に、人よりも多くのエネルギーが必要になる

| 病気や障害の影響で疲れやすい [運動機能●低緊張] | 運動することに多くのエネルギーが必要 [運動機能●持久力] | 規則正しく生活ができない [実行機能●時間管理、感情抑制] | 体操着の着心地や反響音などが苦手 [感覚処理パターン●感覚過敏] |

視点

　なんらかの病気を抱える病弱児や発達障害児には、筋肉の張りに弱さがみられる場合（低緊張）があります。その場合、運動などの場面で、疲れやすくなることがあります。

　運動が苦手で、いつも力が入りすぎて疲れやすくなる子や、体の動かし方を考え続けていなければ運動できないため疲れやすいという子もいるでしょう。運動することに、他の子どもよりも多くのエネルギーが必要になる子もいるのです。

　時間を守って規則正しく生活できないことで睡眠時間が足りなかったり、朝食をとっていなかったりして、活発に動けないことがあります。

　感覚過敏がある場合は、体操着の着心地や周囲の音に敏感に反応してしまうため、気持ちが疲れてしまうことがあります。先生の説明や運動の練習に集中することが難しく、運動の楽しさを感じられなくなってしまう子もいるでしょう。

　疲れやすい子は練習を繰り返すことができず、「運動ができた」という達成感を得にくくなることがあります。疲れやすくても運動に取り組めるように、工夫することが必要です。

体育

128

合理的配慮の例

ショートゴールを設定する

練習のゴールを難しいものではなく、簡単なショートゴールとして設定します。
運動の積み重ねを実感できて、達成感を得られます。
例えば縄跳びのショートゴールとして、「その場でジャンプ」「片手で縄を回す」「止まった縄を跳び越す」など、
多くのゴールを設定することができます。

①
その場でジャンプ

②
片手で縄を回す

③
止まった縄を跳び越す

運動量や運動時間を調整する

その日の体調や気持ちにあわせて、運動の回数や時間を調整します。回数や時間を具体的に表現することで、本人が、どのくらいの運動が疲労感につながり、どのくらい休むと再び運動に取り組めるかを理解していけるようにもなります。また、一部でもクラスメイトと取り組めるように配慮します。

体育の授業時間の設定

病気のために、
食後すぐのほうが体を動かしやすい子がいる場合、
朝食後の最初の授業や、
昼食後の授業を体育に設定するとよいでしょう。
学校全体で、活発に動きやすい時間帯を
体育の授業時間帯として検討していきます。

54 準備から参加できない

体育

授業の準備に参加しない
怪我をしたり、怪我をさせたりすることが多い
他の子と協力するのが難しい

隠れた要因

お手本をみても正しい手順が理解できない

道具の持ち方や準備の手順がわからない ［実行機能●作業記憶］	道具をうまく扱えない ［運動機能●両手動作］	他のことから気持ちをそらすことができない ［実行機能●注意機能］	役割や協力を意識するのが難しい ［高次脳機能●言語機能］

視点

　体育の授業で使う道具には、正しく扱わなければ危険をともなうものも多く、持ち方や扱い方を丁寧に指導する必要があります。お手本をみせたり説明するだけでは理解できない子や、体を動かすことが苦手でうまく扱うことができない子には、手を添えて繰り返し指導するなどの配慮が必要です。

　授業の準備に参加しない場合には、準備の手順がわからない、他のことに気をとられやすい、体育が苦手で積極的に参加したいと思っていないといった背景が考えられます。また、脳性麻痺などの肢体不自由児は、扱える道具が少ないため準備に参加できない場合があります。

　準備や後片付けなどの場面では、自分の役割や他の子どもとの協力を意識する必要がありますが、そのような判断が難しく、参加できない子もいます。

合理的配慮の例

写真や動画で手順を確認

手順を写真や動画で確認しましょう。
重い道具など、正しく扱わなければ
危険がともなうものについては、
事前に手順を示して、いっしょに確認するようにします。

道具の種類や数、配置を図で示す

体育館やグラウンドの広い空間では、
どこになにを準備したらよいのか
わからなくなることがあるので、
準備する道具の種類や数、配置を図で提示します。

持ち手をわかりやすくする

道具を持つ位置にビニールテープなどで印をつけます。
道具を正しく扱い、安全に準備できるようになります。

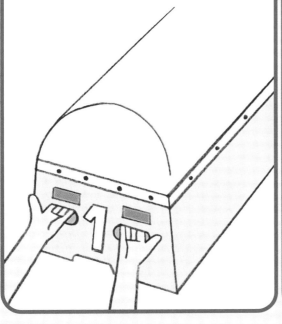

役割を固定する

その子にとって扱いやすいもの、
わかりやすいことを担当させます。
1人での取り組みから、
ペアでの取り組みへと段階付けして
役割を増やしていくのもよいでしょう。

ルールが守れない

隠れた要因

ルールがよくわからないから、うまく守れない

順番待ちの場所や見通しがわからない	体を動かしたい気持ちをおさえられない	他の子の行動に注意を向けられない	うまく体を動かせず、ルール違反の動きになる
［実行機能●計画立案］	［実行機能●反応抑制］	［実行機能●注意機能］	［運動機能●粗大運動］

視点

　器械運動などで、並んで順番に練習する場面では、並ぶ場所がわからない、どのくらい待てば自分の番になるのか見通しがもてない、待ち時間が長くて体を動かしたい気持ちがおさえられない、といった理由で、順番を抜かしてしまうことがあります。

　また、高学年になると複雑なルールのある球技に取り組む機会がありますが、攻守の切り替えがわからない、反則がわからない、チームメイトの様子をみて判断することができないなど、さまざまな難しさによってチームプレイができない場合があります。その場合、他の子に「自分勝手なプレイをしている」と思われてしまい、けんかになることがあるかもしれません。子どもによっては、試合に参加してもボールに触れる機会がなかったり、他の子のプレイをみているだけになることもあります。

　運動が苦手で道具をうまく扱えず、乱暴な様子になってしまってルール違反ととらえられるケースや、苦手さを隠すために道具をわざとふざけて扱ってしまうケースもみられます。

合理的配慮の例

順番待ちのルールを整理する

どこに何人まで並べるのかを視覚的に示しましょう。
待ち時間が長くなりすぎないように
サーキット形式にしたり[57参照]、
待っている間に1人でできる体操をしているといった
工夫もできます。

ルールブックの作成

球技など、ルールが複雑な活動については、
ルールブックやポスターを用意して、
ルールを確認できるようにしましょう。
事前に動画で確認するのも有効です。

簡単なルールに変更する

簡単なルールに変えるというのも1つの方法です。
攻守の切り替えが難しければ、
一定の時間で攻守を交代する仕組みに
するとよいでしょう。

ルールを工夫する

運動が苦手な子や脳性麻痺などの肢体不自由児は、
ルールにそって体を動かすことが
どうしても難しい場合があります。
その場合にはチームで話し合い、ルールを工夫して、
全員がプレイに参加できるように配慮しましょう。
アダプテッド・スポーツ[160ページ参照]の
活用を考えるのもよいでしょう。

走るのが遅い

マラソンや徒競走で
他の子どもとの差が開きすぎる

サッカーやバスケットボールに参加できない

整列や準備に遅れてしまう

隠れた要因

フォームが崩れやすくて、うまく走れない

| 病気や障害の影響で疲れやすい[運動機能●低緊張] | バランスをとることが苦手[前庭覚、運動機能●バランス] | 「原始反射」が残っている[運動機能●協調運動] | 他のことに気をとられる[実行機能●注意機能] |

視点

　走るのが遅い場合には、まず、疲れやすさが考えられます。また、筋肉の張りに弱さがある子や生活リズムが整っていない子は、走るのが遅くなることがあります。

　それ以外では、バランスをとるのが苦手で転ぶことを怖がり、走るのが遅いという子もいるでしょう。筋肉の無意識な反射である「原始反射」は、通常であれば成長とともに消えるものですが、それが残っていて手足をバラバラに動かすことが難しく、フォームが崩れて速く走れないというケースもあります。

　フォームやリズムが崩れることの背景としては、注意がそれやすいという問題も考えられます。その場合には、気をとられて足が止まってしまうこともあります。球技などの場面でも、注意がそれてボールをうまく扱えず、思うようにゲームに参加できないといった様子がみられます。整列にも遅れがちです。

合理的配慮の例

走る距離や時間の調整

子どもたち全員に同じ距離・時間を
設定するのではなく、
それぞれの子どもの状態にあわせて目標を設定します。
本人が目標を自分で考え、
自分の体力や体調と向き合う経験を
するのもよいでしょう。

距離や時間を
わかりやすく示す

目標を決めても、
数や時間を把握するのが難しいという場合には、
数取器(カウンター)で数える、
音楽を流して1曲分の時間で走るといった
工夫が考えられます。

走らないルールを
設定する

ボール運動では、走らずにゲームをする工夫
(例えば、シッティングバレーボールやイモムシラグビーなど)を
考えます。
車椅子を使用している肢体不自由児も
ゲームに参加しやすくなります。

ペアを組んで走る

ペアで手をつないで走り、
お互いに声をかけあうことで、
走ることに注意を向けやすくします。

57 体育 マット運動ができない

マット運動の技が身につかない

怪我をしやすい

怖がって取り組むことができない

隠れた要因

体を支えたり、回転させたりすることが怖い

| 体を支える力が育っていない
［運動機能●筋力、バランス］ | 揺れや回転する感覚が怖い
［前庭覚］ | 自分の体に注意を向けるのが苦手
［実行機能●注意機能］ | 運動に対する自信がない
［心理●自尊心］ |

視点

　就学前から運動の苦手さがある子の場合、体を支える力が十分に育っていないために、原始反射によって姿勢が崩れやすくなることや、手で体重を支えられず、怪我をしやすくなることがあります。そのため、怪我への不安や恐怖が強く、マット運動に積極的に取り組めないという子もいます。

　回転系の技では、自分の体の状態を視覚的にとらえることができず、体の感覚を頼りに動かなければいけません。前庭覚が弱い子は、揺れや回転に怖さを感じやすく、運動を怖がることがあります。また、自分の体に注意を向けるのが苦手な子も、どうやって回転すればよいかがわからず、怖がることがあります。そのようなタイプの子は、倒立で視界が変わったときにも、体の動かし方や支え方がわからなくなるケースがみられます。

　マット運動は「できる」「できない」がはっきりしやすい運動です。苦手な子は達成感を得にくく、人にみられることを嫌がって、心理的な要因から授業に参加できなくなることがあります。

合理的配慮の例

ショートゴールを設定する

疲れやすい場合［53参照］と同様に、
ショートゴールを設定しましょう。
例えば「四つばい」の運動に
「前に進む」「うしろに進む」「横に進む」「大股で進む」
「小股で進む」といった細かいゴールを設定します。

①
前に進む

②
うしろに進む

③
横に進む

④
大股で進む

感覚を感じやすい環境に

大きめのダンボールなどを利用して、
そのなかで前転します。
曲がっても壁にぶつかることで、
触覚や関節覚などにフィードバックできます。
先生が手を添えて動きを誘導することも大切です。

サーキットトレーニングを活用する

「四つばい」「手で体重を支えながら足で壁のぼり」「前転」
「やわらかいクッションに後ろ向きに倒れ込み受け身をとる」といった流れをサーキットトレーニング形式にします。
失敗が目立ちにくくなり、また、繰り返し練習できるようになります。

②
壁のぼり

①
四つばい

③
前転

④
受け身

58 体育 ダンスが覚えられない

振り付けが他の子とそろわない
創作ダンスでアイデアが出せない
ダンスの授業や運動会に参加できない

隠れた要因

振り付けやリズムを同時に処理することが難しい

| 体の感覚を感じることが苦手 ［深部感覚●関節覚］ | 抽象的な動きを視覚的に理解するのが難しい ［高次脳機能●運動企画］ | 手をつなぐのが苦手 ［皮膚感覚● 触覚、感覚処理パターン● 感覚過敏］ | 運動に対する自信がない ［心理●自尊心］ |

視点

　体の感覚を感じとることが苦手な子は、全身で踊ること、リズムに乗ることなどが難しく、お手本をみてもうまく真似ができなくて、ダンスがなかなか身につかない場合があります。ダンスの振り付けには抽象的なものも多く、言語化することが難しいため、動きの理解が苦手な子には困難な課題になりやすいのです。

　授業では、ロックの裏打ちやサンバのシンコペーションなどのリズムに乗って、全身で弾んで踊るような場面もあります。運動が苦手な子は、そうしたリズムに集中しようとして、振り付けのほうが意識できなくなりがちです。リズムは意識できても、ダンスは覚えられず、それが悩みになってしまいます。

　触覚過敏があって、手をつなぐことや、他の子の近くで動くことが苦手な場合には、そのことにばかり注意が向いてしまい、お手本をみること、振り付けを意識することが難しくなることもあります。

体育

合理的配慮の例

お手本をわかりやすくする

振り付けの写真や動画を用意します。
その際、お手本の左右の手に違う色の手袋を着けて、
左右の違いを視覚的にとらえやすくすると
よいでしょう。

覚えるポイントを絞り込む

グループで踊る場合には、
振り付け全体のなかで覚えるポイントを絞り込み、
まずはそこを覚えて
一体感を感じられるようにしましょう。

椅子ダンス

椅子を使ったダンスをするのもよいでしょう。
手の振り付けが中心となり、
要素が減るため、覚えやすくなります。
車椅子を使用している子も参加しやすくなります。

振り付けを変更する

手をつなぐのが苦手な子のために、
振り付けを変更するという方法もあります。
例えばフォークダンスで手袋を使う、
小道具を持つなどの工夫をします。
手をつなぐことの少ない日本の民踊を
取り入れるのもよいでしょう。

59 体育 跳び箱が跳べない

跳び箱を怖がって、取り組むことができない
跳び方が技として身につかない
怪我をしやすい

隠れた要因

跳び方がわからず、不安や恐怖を感じている

| 体を支える力が育っていない
[運動機能●筋力、バランス] | 高いところから跳び下りることが怖い
[前庭覚] | 跳ぶときの動作がよくわからない
[高次脳機能●運動企画] | 運動に対する自信がない
[心理●自尊心] |

視点

　跳び箱運動では子どもは高さのあるところから跳び下りるため、前庭覚が弱い子は不安や怖さを感じやすく、積極的に取り組めない場合があります。

　また、マット運動[57参照]と同様に、体を支える力が育っていない場合には、跳び箱でも姿勢が崩れやすくなります。運動の苦手な子の場合、自分の体の状態を視覚的にとらえにくく、跳び箱を跳ぶときの動作がわからなくなることがあります。失敗を気にして自信を失うこともありますが、これもマット運動の場合と同様です。

　跳び箱運動は、小学校中学年以上になると技が複雑になります。助走から踏切り、着手、着地までの動きの流れをイメージして、素早く体を動かす必要が出てきます。その際、協調運動の苦手さや跳び箱を怖がる気持ちがあると、素早く体を動かすことができず怪我につながることがあります。無理に技を身につけさせるのではなく、基本的な運動の土台づくりを取り入れるようにしましょう。

合理的配慮の例

ショートゴールを設定する

「走ってきて目印の場所で跳ぶ」
「かえる跳びで少し高いところにのぼる」
「手をついて体を持ち上げて高い台にのぼる」
「高さのあるところに座って跳び下りる」
といったショートゴールを設定しましょう。

① 目印の場所で跳ぶ

② かえる跳び

③ 高い台にのぼる

④ 座って跳び下りる

高さや幅の設定

既定の跳び箱だけでなく、
大きいマットや小さいマットを
重ねたものなども使って、跳ぶ練習をしましょう。
一人ひとりの目標を設定し、
高さや幅をその子にあわせて調整します。

サーキットトレーニングを活用する

「かえる跳び」「高い場所へのよじのぼり」
「高いところからの着地」
「跳び箱またはマット上での回転」といった流れで、
サーキットトレーニングを設定するのもよいでしょう。
失敗が目立ちにくくなり、また、繰り返し練習できます。

［57参照］

練習の流れに配慮する

前転などの回転系の技のすぐあとに
切り返し系の技を設定すると、回転感覚が残っていて、
怪我などにつながることがあります。
サーキットトレーニングでは、
順番をよく検討することが大切です。

60 体育 逆上がりができない

> 逆上がりをするとき、
> 鉄棒から手が離れてしまう
>
> 鉄棒を怖がって、参加しようとしない
>
> 鉄棒にぶら下がる運動などができない

隠れた要因

鉄棒運動の土台づくりが十分にできていない

体を支える 力が 育っていない [運動機能● 筋力、バランス]	鉄棒の 触り心地や においが苦手 [感覚処理パターン● 感覚過敏]	鉄棒に ぶら下がるのが 苦手 [前庭覚]	逆上がりの 動作が わからない [高次脳機能●運動企画]

視点

　逆上がりをするとき、鉄棒から手が離れやすくなる子がいます。その要因として、原始反射が残っている場合[56参照]や、手で握る力が弱い場合、触覚過敏で物を触るのが苦手な場合などが考えられます。そのようなケースでは、鉄棒をしっかりと握ることができず、危険をともなうこともあるため、要注意です。

　小学校低学年では逆上がりの前に「布団干し」といった形で、鉄棒にぶら下がる運動をおこないます。前庭覚の苦手さがある子は、そのような運動を怖がって参加しないことがあり、鉄棒運動の土台づくりが十分にできない場合があります。その場合には、のぼり棒や肋木での活動、鉄棒にぶら下がる運動などをとり入れて、逆上がりの前に運動の土台づくりをするのもよいでしょう。

　また、マット運動[57参照]や跳び箱[59参照]と同様に、自分の体に注意を向けたり、自分の体の感覚を感じることが苦手な子は、鉄棒運動の動作そのものがよく理解できず、うまく取り組めないことがあります。

合理的配慮の例

ショートゴールを設定する

「マットの上でだるま起き」「クッションに後ろ向きに倒れ込む」「ジャンプしながら前方にキックする」「壁逆立ち」「肋木の上までのぼる」「鉄棒に触る」「鉄棒にぶら下がる(秒数を設定する)」といったショートゴールを設定しましょう。

① だるま起き

② 後ろ向きに倒れ込む

③ ジャンプキック

④ 壁逆立ち

練習回数や秒数の設定

自由練習では練習回数がまちまちになってしまい、上達しにくい子もいます。
子どもの状態にあわせて回数や秒数を設定しましょう。

補助機を使用する

傾斜のついた坂の形の補助機やベルトを活用して体を鉄棒に近づけるのもよいでしょう。
坂をのぼるのが難しい場合は脚立を使用する、専用のベルトがなければ
タオルを用いるなどの方法もあります。

マットを用意して恐怖心をやわらげる

鉄棒運動は、怪我の報告が多い運動です。
安全用のマットを用意して、
子どもの不安や恐怖心を取り除く方法もあります。

ボールが投げられない[キャッチできない]

- ボールを目標に向けて投げるのが苦手
- 試合中、ボールに触れる機会がない
- 試合で仲間に迷惑をかけてしまい消極的になる

隠れた要因

ボールの扱いが苦手で、ボールが怖い

| ボールを
目で
追えていない
[高次脳機能●空間認知] | 手と目を
協調させる
ことが苦手
[運動機能●協調運動] | 状況やルール、
動作に
同時に注意を
向けられない
[実行機能●注意機能] | ボールの
大きさや
速さなどが怖い
[心理●不安] |

視点

　小学校低学年・中学年では運動遊びのなかでボールの扱いに慣れ、簡単なボール運動を通じて、友達と協力したり競争したりする楽しさを味わうことができます。しかしボールを目で追うことや手と目を協調させることが苦手だと、ボールを目標に向けて投げたり、正確にキャッチすることができず、運動遊びの段階でつまずいてしまう場合があります。高学年ではバスケットボールやバレーボールなどの球技をおこないますが、どちらもボールの大きさや硬さが決まっていて、ボールのスピードも速いため、ボールの扱いが苦手な子どもは怖さを感じる場合があります。

　また、ゲームのルールが複雑になると、状況の理解とボールの扱いの両方に注意を向けなければならず、チームメートの動きがわからなくなってミスをしたり、ボールの扱いがより難しくなることもあります。

　そのような要因が積み重なり、失敗してチームメートに迷惑をかけてしまわないかと不安を感じて、授業に参加できなくなることもあります。

合理的配慮の例

ボールを調整する

既定のボールだけでなく、子どもが投げやすいボール、
キャッチしやすいボールを選べるようにします。
新聞を丸めたボールや風船、スポンジボール、
ビーチボールなどを用意しましょう。

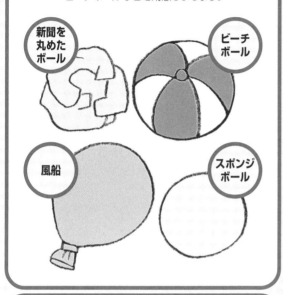

新聞を丸めたボール

ビーチボール

風船

スポンジボール

参加しやすいゲーム

ボッチャなどのアダプテッド・スポーツ
[160ページ参照]を通じて、
協力や競争を経験するのもよいでしょう。
ボッチャはボールを転がす競技で、
車椅子を使っている子も参加しやすいゲームです。

役割分担できるゲーム

キンボールスポーツ[160ページ参照]のように
役割分担や作戦会議をしやすいゲームを取り入れます。
キンボールスポーツは大きなボールを
チームメイト全員で投げたり、
キャッチしたりする競技です。
ボールの扱いが苦手でも、協力して楽しめます。

音の鳴るボールを使ったゲーム

音の鳴るボールを使って
フロアバレーボールやゴールボールを
楽しむのもよいでしょう。
ボールの扱いが苦手でも、ボールを転がす運動、
転がっているボールを止める運動であれば、
取り組みやすくなります。

縄跳びで縄を跳び越せない［前跳び］

縄を跳び越せず踏んでしまう

バランスを崩して転びやすい

縄跳びに参加しないで
座ったりしゃべったりしている

隠れた要因

バランスやタイミングをとる力が弱い

バランストをとることが苦手 ［前庭覚、運動機能●バランス］	ジャンプのタイミングがわからない ［高次脳機能●運動企画］	縄の音や跳躍の音が苦手 ［聴覚、感覚処理パターン●感覚過敏］	空間を把握する力が弱い ［高次脳機能●空間認知］

視点

　縄跳びでは、長縄でも短縄でも、同じ位置で一定のリズムで跳躍することが求められます。体をまっすぐに保ったままバランスをとる力が弱い子は、同じ位置を維持することが苦手です。また、体を思い通りのタイミングで動かす力が弱い場合には、リズムを保つことが苦手になります。タイミングをとるのが苦手な場合、短縄では縄を自分で回す動作も必要になって手と足を動かすタイミングが別々になるため、難易度がさらに高くなってしまいます。

　縄跳びは練習の場所や時間を自由に設定することも多く、聴覚過敏がある場合、他の子の縄の音や跳躍の音があちこちから響くことに不安を感じることがあります。また、空間を把握する力が弱く、安全に縄跳びができる空間を理解できていない場合には、他の子とぶつかったり、縄が体にあたったりして痛い思いをしてしまい、縄跳びが怖くなることもあります。

合理的配慮の例

失敗が気にならないルールに

「失敗した子は縄跳びをやめて座る」というルールでは、苦手な子が練習しにくくなります。
成功・失敗を問わず、
時間内に何回チャレンジできるかを目標として
設定しましょう。

縄跳び以外の運動を取り入れる

縄跳び以外の運動で、
バランスやタイミングのとり方を練習します。
四つばい運動やクッションの上を歩く運動、
けんけんぱ、綱渡りなどを活用しましょう。

環境の工夫

短縄や長縄の練習以外に、
床に置いた縄を跳び越す練習、
トランポリンやジャンピングボードでの練習など、
さまざまな形式の練習の場を設定します。

縄などの音に配慮する

体育館では縄の音や跳躍の音が響きやすくなります。
マットを使うこと、グラウンドに出て練習すること
などを検討しましょう。
聴覚過敏のある子のまわりに広いスペースをとる
という方法もあります。

63 体育 縄跳びで縄を回せない ［前跳び］

縄をしっかりと握ることができない

縄を回すときに脇が開く

左右の手で同じリズムで
縄を回すことができない

隠れた要因

手や足を思い通りにコントロールするのが難しい

| 腕の重さを
肩で支える力が
弱い
［運動機能●筋力］ | 手首を
回すことが
できない
［運動機能●協調運動］ | 手と足を
ばらばらに
動かすことが
できない
［高次脳機能●運動企画］ | 左右の手の
コントロールが
難しい
［運動機能●両手動作］ |

視点

　短縄をうまく回せないために、縄跳びができないという子もいます。短縄を回すためには「脇を締めて腕の重さを肩で支える」「手首を回す」「左右の手で別々の動きをする」「ジャンプに手がつられないように、手足を別々に動かす」といった動作が必要となります。

　原始反射が残っている場合、これらの動作が苦手になることがあります。原始反射があると、手足が意図せずに動いてしまうことや手で握る力が弱くなってしまうことがあります。その影響で、縄跳びが苦手になる場合があるのです。

　また、協調運動が苦手なために、両手のコントロールや、手足を別々にコントロールすることが難しく、縄をうまく回せないという場合もあります。

　一定のリズムで縄を回すことができれば、前跳びは身につきやすくなります。縄跳びが苦手な場合には、前跳びの難しさだけではなく、縄を回すことの難しさがないかどうかをみることも大切です。

合理的配慮の例

縄や持ち手を調整する

縄の重さや、持ち手の太さや長さなどを調整すると、
縄を回しやすくなる場合があります。
子どもが自分にあった縄や持ち手を選べるように、
道具をいくつか用意するとよいでしょう。

原始反射のコントロール

四つばい運動をすることで、
原始反射をコントロールする練習ができます。
原始反射がある場合に有効です。

両手や手足のコントロール

左手に太鼓を持ち、
右手で叩きながら走る練習をすると、
左右の手を別々に動かす練習になります。
また、手に物を持ったままジャンプすることで、
手足を別々に動かす練習ができます。

鏡の前で練習する

鏡の前で練習できるようにします。
縄を回す姿勢、縄の動きなどを鏡で確認して、
動き方を習得していきます。
動画を撮影して確認するのもよいでしょう。

64 体育 マラソンが苦手

> 最初にがんばりすぎて、疲れて走れなくなる
> コースの途中でいなくなってしまう
> マラソンを嫌がって、授業に参加しない

隠れた要因

ペースがわからなくて、すぐに疲れてしまう

病気や障害の影響で疲れやすい [運動機能●筋力、持久力]	いつまで走ればよいかわからない [実行機能●時間管理]	どのくらいのペースで走ればよいかわからない [実行機能●計画立案]	他のことに注意が向いて、コースからはずれてしまう [実行機能●注意持続]

視点

　マラソンは高学年になると、体つくり運動のなかで、動きを維持する能力を高める運動として取り入れられる運動です。無理のない速さで、5〜6分程度の持久走としておこなわれることが多くなっています。

　筋肉の張りに弱さがある子ども[53参照]は疲れやすく、マラソンが苦手になることがあります。

　また、実行機能が弱い子も、時間の見通しをもつのが苦手だったり、計画を立てることが難しくて、マラソンでうまく走れない場合があります。その日の体調や体力にあわせて走るペースを決めることが苦手で、最初にがんばりすぎ、疲れて走れなくなってしまうのです。どのくらいのペースで、いつまで走ればよいのか、見通しをもつことがうまくできずに走るのをやめてしまうこともあります。

　マラソンをしていてコースから外れてしまう場合には、注意がそれやすい可能性があります。他のことに気をとられて、コースがわからなくなります。

合理的配慮の例

速度を5段階に分ける

走る速度を5段階に分けて、
持久力を測ってみましょう。
例えば5分間走で「速度4」だと2分しか走れなかった、
「速度1」だと4分間走れたといった結果から、
一人ひとりが自分の走るペースを設定できます。

速度表

「無理のない速さ」を目標に

速度を5段階に分けてペースをつかんだら、
それにあわせて
「無理のない速さ」で走る目標を立てます。
疲れ気味の日は「速度2」で完走をめざすなど、
目標は柔軟に設定しましょう。

速度表

音楽でメリハリをつける

時間の見通しがもてない場合は、
音楽をかけて「1曲終わるまでが走る時間」と
意識づけをします。
「間奏は歩く」「最後のサビは全力で走る」など
メリハリをつけることで、
他のことに注意が向きやすい子も
参加しやすくなります。

周回数を数えるために洗濯ばさみを使う
[52参照]ことも有効です。

地図をみながら走る

校外を走る場合には、
チェックポイントや地図を用意することで、
注意がそれにくくなります。
紙の地図を持ったり、
スマートフォンの地図機能を使って、
どこを走ってきてどこにいるのかを視覚的に確認して、
意欲を高めることもできます。

65 体育 スキー靴 [スキー板] が履けない [歩けない]

スキー靴で歩くのに時間がかかる
スキー板の準備が遅くなって授業に遅れる
斜面でスキーが履けず、歩いて降りる
スキーの授業に参加しない

隠れた要因

歩き方や履く手順、雪の取り除き方がわからない

スキー靴を履いてバランスをとることができない [運動機能●バランス]	履く手順がわからない [実行機能●計画立案]	平らな地面をみつけられない [高次脳機能●空間認知]	スキー靴の裏の雪をとる動作ができない [運動機能●両手動作]

視点

　スキー靴は足首が固定されるので、バランスをとるのが苦手な子は、うまく歩けない場合があります。また、スキー靴は重いため、筋肉の張りに弱さがある子[53参照]は疲れやすく、長時間歩くのが難しい場合もあります。その場合、スキー靴で歩く距離を短くしたり、スキー靴やスキー板をスキー場に事前に送っておくようにしてもよいでしょう。

　スキー板が上手に履けない場合、まず、実行機能の弱さによって、履く手順がわからないことが考えられます。手順がわかっていても、かかとで踏み込む力が弱くてうまく履けない場合や、斜面でスキー板が外れてしまった際に、スキー板が滑らないような平らな地面をみつけられず、履き直せない場合などもあります。

　また、手先の動作が苦手な場合、スキー靴の裏についた雪を手やストック、スキー板のビンディングなどを使ってうまくとることができなくて、スキー板が上手に履けなくなるケースもあるでしょう。

体育

152

合理的配慮の例

写真・動画で手順を確認

スキー板を履く手順を、
写真や動画で確認できるようにしましょう。
スキー靴の裏の雪のとり方、
スキー靴のつま先の当て方、
スキー靴のつま先を雪に刺すように歩く方法など、
ポイントを繰り返し確認できるようにします。

地面の感覚を事前に確認

「スキー板を置く地面」がどんなものか、
事前に確認します。
そして、斜面でスキー板が外れた場合の
履き方についての確認もしておくと、
焦りや不安を軽減できます。

滑り止めの使用

人工芝を、平地でスキー板を置くための
滑り止めとして用意します。
ロール式のものは持ち歩きがしやすく、
斜面をのぼることが苦手な子にも使えます。
ホームセンターなどで購入できます。

つかまって
履けるようにする

手すりなど、つかまるところがある場所で
スキー板を履くようにするのもよいでしょう。
先生が手を添えたり、体を支えたり、
スキー板をおさえておくなどのサポートも必要です。

スキーで滑ることができない

スキーの授業に参加しない

スキーを始めても、
すぐに滑るのをやめてしまう

転んでしまうことが多い

斜面を滑り降りることを怖がる

隠れた要因

バランスをとる感覚、体重移動の感覚が弱い

病気や障害の影響で疲れやすい [運動機能●低緊張]	スキー靴を履いてバランスをとることができない [運動機能●協調運動]	体重を移動させる感覚がつかめない [深部感覚●関節覚]	斜面を滑り降りる感覚が怖い [前庭覚]

視点

　スキーウェアやスキー靴を身につけているときは動きにくく、普段とは違う動作が必要になります。病気や障害の影響で疲れやすい子［53参照］はスキーを一定時間、続けることが難しい場合があります。また、身体障害があるとスキーをつけることができず、授業自体に参加できない場合もあります。病気や障害のある子もスキー学習に参加できるように、バイスキーやチェアスキーを体験できるようにするのもよいでしょう。バイスキーやチェアスキーの指導については、スキー場で体験会が開催されたり、専門のスタッフがいるスキー場もあります。事前に確認し、活用を検討しましょう。

　スキー靴を履くと、足首が固定されてバランスがとりにくくなります。深部感覚が弱く、体重を移動させる感覚がつかめない子は、思い通りにスキーを止めることができずに転んでしまうことがあります。前庭覚が弱く、斜面を滑り降りる感覚が怖くて滑ろうとしない子もいます。

合理的配慮の例

技術レベルにあわせて斜面を選択する

授業では、子どものスキー技術のレベルにあわせて
クラス分けをすることが多いと思います。
その際、滑る斜面をレベルにあわせて決めましょう。
斜面に出る怖さを軽減させることができます。

滑り降りるときに先生が付き添う

斜面を怖がる場合には、まず子どもと先生が
そりで一緒に滑ってみるのもよいでしょう。
子どもがスキーで滑る際には、
先生が手を添えたり体を支えたりします。
付き添いの人的環境を整備するため、
ボランティアの活用も含めて
学校全体で検討しましょう。

バイスキー・チェアスキーを活用する

バイスキーやチェアスキーは
車椅子を使う人だけでなく、病弱で運動制限がある子、
発達障害がある子も楽しむことができます。
専門的なスタッフの配置や、道具の購入・レンタル、
事前講習などを調べて、
活用を検討するのもよいでしょう。

体重移動を段階的に練習する

スキーを滑る動作を、段階的に指導します。
ジャングルジムや肋木、坂道を、
左右の足を交互に出して上り下りし、
体重移動の練習をしましょう。
また、クッションやマットで斜面をつくり、
駆け降りる練習も有効です。

体育 プールの水が苦手[顔をつけられない]

> プールに入ることができない
> 水中にもぐることができない
> 水泳の授業に参加しない

隠れた要因

感覚過敏がある場合には慎重な対応が必要

水に触れる感覚が苦手 [皮膚感覚、感覚処理パターン●感覚過敏]	**プールのにおいが苦手** [嗅覚、感覚処理パターン●感覚過敏]	**水中で体の感覚がわからなくなる** [深部感覚●関節覚]	**呼吸のコントロールができない** [運動機能●協調運動]

視点

　水泳運動では、低学年から水遊びとして水のなかを移動したり、もぐったりすることの指導がおこなわれます。

　しかし、感覚過敏があると水に触れることができなかったり、プールのにおいが苦手でプールに入ることができない場合があります。感覚の受け取り方には個人差が大きく、そのストレスのレベルも、他人が計り知ることはできないので、慎重に対応する必要があります。

　また、水のなかでは体を動かすときの感覚や呼吸の仕方が陸上とは異なるため、どうやって体を動かしたらよいのかわからなくなって混乱するというケースもみられます。体のコントロールが苦手な子は、プールでの運動に恐怖を感じて水に触れられなくなることもあります。体を動かしながら同時に呼吸をコントロールするのが苦手な子の場合には、水中で苦しい思いをした経験から、プールの授業に参加できなくなるということもあります。

合理的配慮の例

皮膚感覚の過敏性への配慮

濡れた感覚が苦手な子どもには、
プールサイドにタオルを準備して、
すぐ拭けるようにするとよいでしょう。
また、水しぶきや波がかからないように
隣のコースをあけておきながら、
水に少しずつ慣れていくようにします。

嗅覚の過敏性への配慮

感覚過敏がある子には慎重に対応する必要があります。
においが苦手な子どもには鼻栓などを用意して、
苦手なにおいを感じにくい環境を整えましょう。

ショートゴールを設定する

プールに入ることができない場合には、
まず「教室で顔や手を水で濡らすこと」から
はじめましょう。次に、
「プールサイドでバケツに入れたプールの水に触る」
「ビニールプールに入って過ごす」などの
ショートゴールを設定します。

①
顔や手を水で濡らす

②
プールの水に触る

③
ビニールプール

不安を事前に解消しておく

水に顔をつけることが苦手な子どもには、
ゴーグルをつけた際の水中の見え方を
動画やVRなどを使って体験させるのもよいでしょう。
また、水泳における呼吸のコントロール方法を
陸上で練習することでも、不安を解消できます。

プールで前に進めない

68
体育

がんばって泳いでいるのに、前に進まない

息継ぎができない

なかなか進まず、疲れてしまう

隠れた要因

浮き身や息継ぎが感覚としてつかみづらい

力を抜く感覚が わからず 浮き身が とれない ［深部感覚●関節覚］	体を支える力が 育っていない ［運動機能●筋力、持久力］	手足の 動かし方や タイミングが わからない ［高次脳機能●運動企画］	呼吸の コントロールが できない ［運動機能●協調運動］

視点

　水泳運動では、中学年から浮いて前に進む運動の指導がおこなわれますが、その前の段階である浮き身をとることができない場合、いくら手足を動かしてもなかなか思うように進めないことがあります。浮き身をとるためには、全身の力を抜いて水に身を任せなければいけません。しかし、力を抜いた感覚がつかめない場合や、原始反射［56参照］によって体勢の崩れやすさがある場合には、浮くことが難しくなります。

　また、協調運動が苦手な場合には、手足の動かし方がわからなくて効率的に水をかくことができないケースや、息継ぎができず、すぐに止まってしまうケースがみられます。そのような場合には、声をかけて指導することが多くなりますが、指導が伝わりにくいという場合もあります。水中では自分の体の状態を視覚的にとらえることができないため、体の感覚を頼りに動かなければならないのですが、感覚を感じることが苦手な子の場合、口頭で指導を受けても理解するのが難しいことがあるのです。

合理的配慮の例

浮き具などの道具を使う

ビート板やアームヘルパーなどの浮き具を活用しましょう。
腰部につける薄いベルト型の浮き具や、薄手のライフジャケットなども使って、
浮き身の感覚をつかむことや、浮きながら手足を動かすことなどを
練習しやすい状態にします。

ショートゴールを設定する

例えば「浮き具を使って12.5mを30秒で進む」
といったショートゴールを設定し、
30秒以上かかった場合には
「次はどの浮き具を使えば速く進めるか」を検討して、
より適切なショートゴールに調整します。

写真や動画で
フィードバックする

プールでは防犯上の理由で
写真や動画の撮影ができない場合もありますが、
環境を整えて写真や動画を用意できれば、
自分が泳いでいる姿を
視覚的にフィードバックすることで、
どのような姿勢をつくれば前に進みやすいかを
考えることができます。

授業で「アダプテッド・スポーツ」を
活用するためのポイント

すべての子が楽しく安全に参加できる授業に

最近は、運動をする子と運動をしない子の二極化が進んでいるといわれています。日頃、運動をする習慣がない子どもにとって、体育の授業は体を動かす貴重な機会となります。障害の有無にかかわらず、すべての子どもが楽しく安全に参加できることが大切です。

子どもが障害やその他の理由で授業に参加できなくなると、運動によって得られる体力の向上、健康の保持増進、仲間と力をあわせて競争する楽しさや喜びを味わう機会などを奪ってしまうことになります。

教員には、とくに運動が苦手な子や運動に意欲的でない子への指導について配慮することが求められています。子どもが体育の授業に参加するために必要な合理的配慮を考えていかなければなりません。

「アダプテッド・スポーツ」の活用を考える

アダプテッド・スポーツ(adapted sports)とは、どのような障害があっても、スポーツのルールや用具を障害の種類や程度、本人の能力や好みに適合(adapt)させることで、障害のある人はもちろん、幼児から高齢者、体力の低い人であっても誰でも参加することができるようになるという考え方です。

また、最近では「いつでも、どこでも、誰でも」できるスポーツで、用意しやすい道具で、ルールも簡単、特別な技術も必要とせず、年齢や性差も問わない、ニュー・スポーツという形も広まってきました。

そのように競技性が緩和され、「誰でも参加できること」や「誰でも楽しめること」、そして「誰でも健康・体力の維持増進をはかれること」を特徴とするスポーツを、体育の授業のなかでも活用することができるのではないでしょうか。

体育の授業での「アダプテッド・スポーツ」活用例

本書では体育の授業にシッティングバレーボール[56参照]を活用することを紹介しました。シッティングバレーボールは、下肢に障害のある人や、子どもと大人が一緒に参加できるスポーツです。

体力差のあるメンバーで実施する場合にはボールに触れてよい回数を変える、子どもが参加する場合は風船を使用するといった形で、ルールや用具を参加者に適合させることができ、誰でも参加がしやすくなります。

授業で活用する場合には、ルールや用具を適合させるために、参加者同士で話し合いをおこなうとよいでしょう。お互いの違いや特性を理解する機会になります。話し合いが「勝つための作戦会議」ではなく、「全員で楽しむための作戦会議」になるように、子どもたちに指導していくことが大切です。

授業のなかで、障害の有無を超えてスポーツを楽しむ機会をつくり、参加者同士がともに楽しめるように、合理的配慮に基づいて工夫することを経験できれば、それはスポーツを通して、共生社会を実現していくための学習機会となります。

他のアダプテッド・スポーツとして、パラリンピックの競技にもなっているボッチャ、昔から親しまれ誰でも参加しやすいキンボールスポーツ[61参照]などがあります。また、最近ではイモムシラグビーのように「ゆるスポーツ」として新しいスポーツが作り出されています。このようなアダプテッド・スポーツ、ニュー・スポーツを体育の授業のなかで実践すると、障害がある子はもちろん、障害のない子にも運動の効果があることがわかっています。

授業でアダプテッド・スポーツを活用する際の準備

スポーツのルールや用具を参加者に適合させていく際に、学校にある用具を使って工夫することもできますが、なかにはバイスキーやチェアスキーのように、特別な用具の準備や、指導方法を事前に学ぶことが必要になるスポーツもあります。

用具については、レンタルできるもの、購入できるものなど、さまざまです。障害者スポーツ専用の用具を、体育の授業に活用するものとして購入することを検討してもよいでしょう。また、体験会などの機会に家庭で購入したものがあれば、それを体育の授業や、将来の余暇活動に活用していくというケースもあります。

都道府県や市町村主催の障害者スポーツ指導者養成講習会、公益財団法人日本障がい者スポーツ協会主催の指導員養成講習会などが開催されていますので、必要に応じて参加を検討しましょう。

オリンピック・パラリンピックに関する指導としては、スポーツのルールやマナーを理解し、守ることの大切さや、スポーツの意義や価値に触れることができるようにすることが求められています。パラリンピックの種目になっている障害者スポーツを知り、ルールを理解すると、障害者スポーツを観戦し、応援することも楽しめるようになります。

なかには、障害や病気などによってスポーツに参加することをあきらめている子どもや保護者もいますが、授業を通じて障害者スポーツの情報を共有したり、実際に経験したりすることによって、みんなでスポーツに参加する方法を一緒に考え、実践していくことができます。

一般社団法人日本キンボールスポーツ連盟［写真左］
［http://www.newsports-21.com/kin-ball/］
世界ゆるスポーツ協会［写真右］
［https://yurusports.com/sports/imomushirugby］

参考文献

佐藤敬広：本学における「アダプテッド・スポーツ教育」および「障がい者スポーツ指導者養成」について──
他学部開講による学部共通教育の可能性を考える：保健福祉学研究14、49-55、2016
佐藤敬広、植木章三、鈴木宏哉、渡部琢也：障害のない児童・生徒におけるアダプテッド・スポーツ教育の有用性の検証──
ソーシャルスキルおよび心理的・身体的側面の変化に着目して：笹川スポーツ研究助成研究成果報告書、326-335、2015
佐藤紀子：わが国における「アダプテッド・スポーツ」の定義と障害者スポーツをめぐる言葉：日本大学歯学部紀要 46、1-16、2018
文部科学省：小学校学習指導要領(平成29年告示)解説 体育編

69 テスト 答えをいってしまう

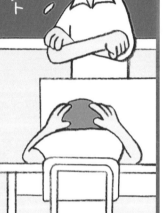

> テスト中に心の声がもれる
> 思いついたことをそのままいってしまう
> 文字を読み上げるときや書くときに声を出す
> 他者の気持ちがわからない

（吹き出し）問1の答えは③だな

隠れた要因

声を出すのが問題だと気付いていない場合もある

相手の立場に立って考えることが難しい ［心理●心の理論］	自分の置かれた立場がわかっていない ［実行機能●自己監視］	衝動性が高く、発言を調整するのが難しい ［実行機能●反応抑制］	考えるのに音が必要な場合がある ［実行機能●作業記憶］

視点

　自分のことを客観視することが苦手で、「声の大きさ」という目にはみえない要素を客観的に考えることができていない場合に、テストの答えを口に出してしまうことがあります。普段から、場の雰囲気やまわりの状況が読めていなかったり、自分の発言によってまわりの人がどう思うかを想像することが難しかったりします。みんながいわなくても理解している「暗黙のルール」を察するのが難しいというタイプです。

　その他に、衝動性が高く、行動のコントロールが苦手で、自分で言動を調整することが難しいという場合もあります。

　また、思考をインプットしたり、アウトプットしたりするときに、口に出したほうが考えやすくて、しゃべっているという子もいます。

　子どもには悪気はなく、つい反応して、思ったことをそのままいってしまっているのだということを理解して、対応する必要があります。

合理的配慮の例

声のボリュームを視覚的に示す

声の大きさを数字で表して伝えてみましょう。机の上に「声のボリューム表」を貼って、いつでも確認します。そして、テストのときはボリューム0の大きさで取り組めるようにしていきます。

[**9**参照]

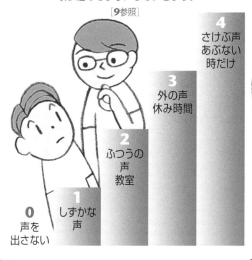

4 さけぶ声 あぶない時だけ

3 外の声 休み時間

2 ふつうの声 教室

1 しずかな声

0 声を出さない

声を出せる環境にする

答えをいってしまう子のなかには、問題を読んだり答えを書いたりするときに、声を出したほうがうまくできるタイプの子もいます。その場合、別室を使うなどの方法で環境を整え、声を出せるようにすると、テストにしっかりと取り組める可能性もあります。

次の文章を読んで

物理的に環境を整える

うまく調整できない場合は、物理的に環境を変えて取り組むのもよいでしょう。まずは座席を一番前の列に変更して、パーティションなどで周囲と遮断できるようにします。また、マスクをつけることで、独り言がまわりに聞こえないようにするのもよいでしょう。それでも難しい場合には、別室でテストをおこなうという方法もあります。

時間内に終われない

- ずっと問題を読んでいて、答えが書けない
- 答えが解答欄をはみ出してしまい、書ききれない
- 計画立てて行動することが苦手

終わりです

隠れた要因

読み書きに、他の子よりも時間がかかっている

読み書きに 時間がかかる	うまく 答えを書けない	まわりの様子が 気になる	時間の感覚が つかめない
［高次脳機能●言語機能］	［運動機能●巧緻運動］	［実行機能●注意機能］	［実行機能●時間管理］

視点

　時間内にテストが終われない要因として、読み書きの苦手さが考えられます。読むのが苦手な子は、テストの問題を何度も読み直さなければ意味が理解できないことがあり、そのために時間がかかってしまう場合があります。また、漢字がわからないために時間がかかるというケースもあります。書くのが苦手な場合、解答欄や計算するためのスペースがその子には小さすぎて、うまく書くためには何度も消して書き直さなければならなくなって、時間がかかってしまうことがあります。テストは、本来は「問題に答えること」に取り組む場面ですが、それ以前のことでつまずいていて、問題に取り組めないという子もいるのです。

　また、テスト中に友達の様子や人の鉛筆の音などが気になって集中できないというケースも考えられます。その他には、テストの時間を把握して、計画的に取り組むことが苦手な子もいます。わからない問題を後回しにするなどの判断をすることが難しく、難しい問題に時間をかけてしまい、問題を最後まで解けなくなるのです。

合理的配慮の例

読むことへの配慮
読めない文字に ふりがなを書く

ふりがなを書くことで、
読めない文字がスムーズに読めるようになります。
本来の課題である「問題に答えること」に集中できます。

【文章問題】

1

折り紙が80まいあります。4人に同

じ数ずつ配ると、1人分は何まいに

なりますか。

読むことへの配慮
用紙を拡大コピーする

文章問題などで文字がたくさんあると
情報がとらえにくくなり、
何度も読み直してしまうという場合には、
テスト用紙を拡大コピーします。
書くのが苦手で、解答欄に答えを書ききれない子にも
有効な方法です。

読むことへの配慮
文章に区切りを入れる

文章を読むのに時間がかかっている場合には、
問題文などの長い文章に区切りを入れて、
読みやすく工夫するのもよいでしょう。
算数の文章問題では、キーワードを目立たせる提示を
するのもよいかもしれません。

【文章問題】

3

親犬の体重は/子犬の体重の/

5倍で/20kgです。/子犬の

体重は/何kgですか。/

読むことへの配慮
先生が文章を代読する

先生が問題文などを読み上げます。
読むのが苦手な場合でも、
問題の意味が理解しやすくなり、
スムーズに答えられるようになります。

合理的配慮の例

書くことへの配慮
代筆や選択式にする

書くことが難しい場合、子どもが口頭で答え、先生が代筆する形式にするのもよいでしょう。
また、答えを選択する形式にして、文字を書き込まなくても済む方法もあります。

【問題】

1

次の文は、ごみの分別・回収を説明したものです。正しいものを1つ選んでください。

①(○) ごみは種類ごとに分別して出します。

②( ) ごみはどこにおいても、しゅう集車に回収されます。

③( ) 回収されたごみは、そのまま埋め立て地へはこばれていきます。

書くことへの配慮
答え方を調整する

解答欄に記述式で答えを書くのではなく、
問題文に線を引いて答えられる方式にするなど、
答え方を調整します。書き方ではなく、
答えの内容を表現できるかどうかを優先します。

わたしたちは、毎日の生活の中で、たくさんのごみを出します。また、ごみにも、もやせるごみやもやせないごみ、かんやペットボトルなどのようにしげんとなるしげんごみなど、さまざまなしゅるいがあります。

今、わたしたちのまわりでは、ごみを少しでもへらそうと、さまざまな取り組みが行われています。

1 線1「さまざまな取り組み」について、もんだいに答えましょう。何のための取り組みですか。六字で書きましょう。

［　　　　　　　］ための取り組み。

書くことへの配慮
計算スペースを工夫する

算数の問題で、数字が書きにくくて困っている場合には、
計算するためのスペースを広くしたり、
10mm程度の方眼紙を使って、
数字を書きやすくするとよいでしょう。
計算式がずれてしまって
答えを間違える問題が減ります。

【文章問題】

1 折り紙が80まいあります。4人に同じ数ずつ配ると、1人分は何まいになりますか。

答

合理的配慮の例

読み書きへの総合的な配慮
パソコンやタブレット、ヘッドホンの活用

読み書きに、パソコンなどの道具を活用します。
書くのが苦手な場合に
パソコンやタブレットで答えを入力する、
読むのが苦手な場合にヘッドホンで
録音アプリや読み上げアプリを使って
問題を音声で聞く利用法があります。

注意機能への配慮
テストの環境を整える

まわりの子の姿や音が刺激になって
取り組めない場合は、別室でのテストの実施や、
イヤーマフの使用などを検討します。

注意機能への配慮
テストの時間を延長する

先生が子どもや家族と話し合い、
読み書きに時間がかかる背景を確認したうえで、
テストの時間を延長します。

注意機能への配慮
テストの時間を可視化する

時間を視覚的に理解できる
視覚的タイマーなどを使って、
テストの残り時間がわかるように
工夫するのもよいでしょう。

大勢の前に出るのが苦手

行事の練習で大勢の前に出ると、緊張してかたまってしまう

日頃からグループワークなどの集団活動が難しい

行動が受け身だったり、消極的だったりする

合唱や合奏、運動、表現などが苦手

隠れた要因

大勢の視線やザワザワした声に苦痛を感じる場合もある

| 見通しの
つかない状況に
不安を
感じやすい
[実行機能●計画立案] | 大勢の前で
注目される
ことが苦手
[感覚処理パターン●
感覚過敏] | ザワザワ・
ガヤガヤした
音が苦手
[感覚処理パターン●
感覚過敏] | 不器用さがあり、
演目を模倣して
覚えることが
難しい
[高次脳機能●運動企画] |

視点

　発表会や運動会などの行事は、いつもと雰囲気が異なります。どのように行動すればよいのか、いつ終わるのかなどの見通しがつきにくく、不安になりやすいものです。とくに、日頃から見通しをもてず、混乱した状態になることが多い子の場合、行事の前は緊張や不安が強くなることがあります。

　大勢の前に出るということに、苦痛を感じるという子もいます。緊張や不安の強さは、人によって違います。人の視線に苦痛を感じる子、大勢の声が重なり合うザワザワ・ガヤガヤとした音に混乱するという子もいます。聴覚の過敏さがある場合など、まわりが想像する以上に強い苦痛を感じているケースもあるので、まずは理解に努めましょう。

　不器用さや認知の偏りがあり、合唱や運動などの活動そのものが苦手で、参加できないということも考えられます。みんなと同じことを求めると、毎日の練習のなかで苦手なことを繰り返すことになり、その環境にいたくないという気持ちが強くなって、行事に参加できなくなってしまう場合もあります。

行事[発表会・運動会]

168

合理的配慮の例

昨年の様子を確認する

昨年の発表会や運動会などの映像をみせます。
行事の流れを全体的に理解でき、
見通しをもちやすくなります。
会場が昨年と異なる場合は、事前に
その場所に行ったり、その場所の写真をみせたりして、
確認する機会を設けましょう。

大勢の前に出ない役割に

行事で、大勢の前に出なくても参加できる役割を
提供するのもよいでしょう。
例えば放送係になり、
アナウンスやナレーションをしたり、
事前に録音する形で参加したりできます。

無理強いはしない

緊張や不安が強い場合には、行事への参加を強制せず、
本人の気持ちを聞くようにしましょう。
「演目から参加することはできる」
「いつでも退出してよければ参加できる」など、
その子のできる形式での参加を保障します。
イヤーマフやヘッドホンの着用[**46**参照]も有効です。
また、視覚の過敏さがある場合にはサングラスを使用や、
フードを被ることも検討します。

事前に個別の練習をする

練習に参加できず、
行事の本番に不安を感じている場合には、
競技や演目について、
個別に練習する機会を設けるのもよいでしょう。
不安の強いタイプだとわかっている場合には、
クラスでの練習が始まる前に個別練習をおこなって、
少し慣れた状態で練習に参加する方法もよいでしょう。

72 順番を待つことができない

行事［発表会・運動会］

みんなで活動する場面で、別のことをしている
参加しなくてよい活動に参加している
一番になりたがる、一番にやりたがる
「いただきます」をみんなと揃ってできない

隠れた要因

指示理解の難しさや、我慢することの難しさがある

| 曖昧な指示が理解できない
［高次脳機能●言語機能］ | 行事の流れについて、見通しがもてない
［実行機能●計画立案］ | 衝動的に行動してしまう
［実行機能●反応抑制］ | なんでも一番がよいと思っている
［実行機能●優先順位］ |

視点

　行事では、口頭の指示が飛び交うことが多く、その場の状況を汲み取って、暗黙の了解で動かないといけない場面があります。そのような場面では、指示の内容も、守るべきルールも曖昧なことが多いので、抽象表現を理解することが苦手な子は混乱しやすくなります。行事でやるべきことを理解できていない子、見通しをもてない子がいるときには、そのような背景があることを考えてみましょう。

　また、実行機能が弱く、行事の流れが理解できていない場合には、待機する場所がわからない、参加するタイミングがわからないといった様子がみられます。自分の出番ではない活動に参加してしまったり、反対に、参加しなければいけない場面にいなかったりすることがあります。

　衝動性が高い子の場合、やるべきことがわかっていても、目に入ってくる情報に刺激されて、順番を待てずに体が動いてしまうことがあります。

　「一番はすごい!」と、一番になることにこだわりをもってしまう子もいます。一番にならなければいけないと思い込んでフライングをしたり、人の前に出たりして、順番が待てない場合があります。

行事［発表会・運動会］

170

合理的配慮の例

待ち時間を視覚化する

演目や競技について、スケジュールや手順書を用いて
視覚的に情報を伝えます。
活動がどこまで進んでいるのか、
次になにがあるのかがみえるようにしていきます。
時刻や時計がわかりにくい場合は、
待つ時間の量がみえる視覚的タイマーなどを
用いるのもよいでしょう。

別の場所で待つ

衝動性が高い場合、待つ時間が長すぎて
その場にいられないようであれば、
別の場所で待つのもよいでしょう。
参加する直前になったら待機場所に移動します。
苦手な環境で待つ時間を短縮できます。

バディ形式で取り組む

友達とバディを組み、
2人1組で行動するのもよいでしょう。
友達の助けを得て、指示を理解しやすくなり、
見通しをもてる場合があります。
待機する場所がわからないときにも、
友達に誘導してもらいます。

「一番ではないこと」の
受け入れを練習する

一番にこだわる子には、
「一番でなくてもよい」という価値観を教えます。
取り組んだこと、がんばったことを評価しましょう。
また、二番になること、負けることもあることを、
事前に説明します。負けたときの
セリフやポーズを決めておくのもよいでしょう。
負けたときの対応を評価し、
感情に対する自己コントロールを強化していきます。

整列ができない

行事で整列するとき、列をはみ出してしまう

列の前の人やうしろの人にぶつかる

スポットライトを嫌がって、会場の外に出たがる

並んでいるときに、フラフラしている

隠れた要因

距離感をつかむことや姿勢を保つことが難しい場合もある

人の声やスポットライトに耐えられない	目に入ったものに気をとられてしまう	まわりの人との距離感がつかめない	長時間、同じ姿勢を保つことが難しい
［感覚処理パターン●感覚過敏］	［実行機能●注意機能］	［高次脳機能●空間認知］	［運動機能●筋力］

視点

　行事には、刺激になるものがたくさんあります。競技や演目などの道具があり、大勢の人がいます。人の声や服装、持ち物など、一つひとつが刺激になります。聴覚過敏がある場合、人の声やスピーカーの音などに耐えられず、整列できないことがあります。視覚過敏がある場合にはスポットライトがまぶしくて、その場にいられないということもあります。

　注意機能に弱さがあると、列に並ぶことはわかっていても、目に入ったものに気をとられて、列をはみ出してしまうことがあります。

　また、整列の際、距離感がつかめなくて、前の人や横の人に近づきすぎてしまうという場合もあるでしょう。その場合、暗黙の了解がわかっていないことや、位置関係をつかみづらいことが考えられます。筋力が弱く、同じ姿勢を保つことが難しくて、体が動いてしまい、フラフラしているという可能性もあります。

　ふざけて整列しないのではなく、さまざまな要因があることを理解しましょう。

合理的配慮の例

刺激をなるべく減らす

刺激になるものを減らします。
競技の道具などが気になってしまうなら、
子どもの待機場所からみえない位置に置きましょう。
スピーカーの音やスポットライトが苦手な場合には、
イヤーマフやサングラスなどの着用を検討します。

並ぶ場所を調整する

他の子のしていることに気をとられやすい場合には、
列の先頭や、左右のはじに並ぶように
調整するのもよいでしょう。
刺激を受けることが減って、
整列することに集中しやすくなります。

整列する位置を具体的に示す

列からはみ出したり、人にぶつかったりすることが
多ければ、整列する位置に目印をつけ、
並ぶ場所を具体的に示しましょう。
目印をつけるのが難しい場合には
「○○さんのうしろ」という形で位置関係を伝えます。

距離のとり方を教える

距離感がつかみづらい場合には、
距離のとり方を教えて、
事前に練習をするとよいでしょう。
「手を前後に伸ばしてもあたらない距離」など、
適切な距離を具体的に示して、
実際にその距離で並ぶ練習をします。

74 ピストルの音が苦手

行事[発表会・運動会]

運動会で、
ピストルの音にびっくりして耳をふさぐ
トイレのハンドドライヤーを嫌がる
人が大勢集まる場所にいることが苦手

隠れた要因

聴覚過敏があって、強い苦痛を感じている

突発的な音や大きな音に対する過敏さがある [感覚処理パターン●感覚過敏]	**不安な気持ちをおさえられない** [実行機能●感情抑制]	**ピストル音が鳴っても安全だということが理解できない** [高次脳機能●言語機能]	**行事や会場に対する不安が強い** [心理●不安]

視点

　運動会では徒競走のときなどに、大きなピストル音を出すことがあります。そのように大きな音が鳴ったとき、耳をふさいだり、しゃがみ込んだりしてしまう子がいます。その場合には、聴覚過敏があり、突発的な音や大きな音に対して恐怖や不安を感じていることが考えられます。人によって、感覚の受け取り方は異なります。感覚の過敏さがある子にとって、ピストル音を聞くことは、その場にはいられないくらいの苦痛であり、逃げ出したくなるほどの出来事です。聴覚過敏は脳の情報処理の仕方に原因があると考えられるので、気のもちようや慣れの問題ではないということを理解しておきましょう。

　疲労がたまったり心理的に不安が強くなったりすると、聴覚過敏がさらに強くなることもあります。また、不安になると、その気持ちをおさえられないという子もいます。ピストルの音が鳴っているだけで、実際には安全だということが理解できないというケースもあるでしょう。

合理的配慮の例

ピストル以外の音を使う

ピストル音が苦手で
運動会に参加できない子がいる場合には、
徒競走などのスタートの合図にピストル音ではなく、
電子音や笛などを使うとよいでしょう。

音を出さずに合図をする

ピストル音に限らず、突発的に大きな音がすると
苦痛を感じる場合もあります。
その場合には、旗を振るなど、
音を出さずに合図をする方法を検討しましょう。

音の出方を確認し、
説明する

音が突然鳴ることへの恐怖が強い場合には、
音源を確認し、どこからどんな音が出て、
いつ鳴り終わるのかを説明するとよいでしょう。
音の出る仕組みや、いつ音が出るのかがわかると、
受け入れられる場合もあります。

参加を強要しない

運動会などの行事では、
学校の様子がいつもと違うため、
不安が強くなる子もいます。
練習中も、いつもの体育の授業とは違うため、同様です。
参加を無理強いせず、見学することも認めるなど、
安心できる環境づくりを心がけましょう。

行事で集中できない

発表会のとき、ずっとソワソワしている

運動会で、
放送や音楽を気にして落ち着かない

行事の最中に友達と騒ぎ出してしまう

隠れた要因

いつもと違うことが刺激になり、落ち着かない

知らない人や放送、音楽など、環境の違いが刺激になる ［実行機能●注意機能］	ちょっかいをかけてくる友達に対して我慢ができない ［実行機能●反応抑制］	脳が刺激を求めている ［感覚処理パターン●感覚探求］	行事の流れや終わりの見通しを理解することが難しい ［実行機能●計画立案］

視点

　発表会や運動会などの行事には、多くの人が集まります。そのなかには、担任の先生や同級生だけでなく、会ったことのない人もいます。また、放送や音楽が流れたり、会場が学校ではなく外部の施設だったりと、いつもとは違うことがいろいろとあります。そのような環境の違いが強い刺激となり、興奮して集中できなくなる子もいます。

　注意機能が弱い子の場合、まわりのさまざまなことが気になって、行事の最中に落ち着かなくなることがあります。また、反応抑制が弱い場合には、刺激に対して興奮しやすくなります。とくに、いつもちょっかいをかけてくる友達が近くにいる場合など、落ち着かない要因があるときには、注意が必要です。

　行事のプログラムなどが理解できていなくて、自分がなにをすべきかがわからず、ソワソワしてしまうという子もいます。終わりの見通しがつかないことに不安を感じて、落ち着かなくなる場合もあるでしょう。

　また、行事では待つ場面が多く、感覚探求の特徴がある子どもの場合、じっとしていられず、体を動かしたくて無意識に動いていることもあります。

合理的配慮の例

役割や出番を確認する

行事中の役割やルール、出番などを
事前に確認しておきます。
口頭の説明ではわかりにくい場合には、
視覚的に提示するのもよいでしょう。
自分がなにをするかがよく理解できれば、
出番や演目・競技に集中しやすくなります。

座席の配置を工夫する

行事の最中の座席や、
列をつくって並ぶときの配置を工夫します。
落ち着きのない子のまわりには、
一緒に騒いでしまうような子ではなく、
落ち着いている子どもを配置するとよいでしょう。

スケジュールを視覚的に示す

行事のスケジュールを、
視覚的にわかりやすい方法で提示しましょう。
印刷したプログラムに時間や出番などを
みやすく書き入れると、行事の流れを理解しやすくなり、
終わりの見通しももちやすくなります。

○○小学校運動会
午前の部

		開会式	
1	全	ラジオ体操	
2	3年	ダンス	
3	4年	100m走	第4走者！
4	2年	玉入れ	
5	5年	リレー	← 手伝い

クールダウンできる場所を用意する

どうしても興奮をおさえられないときのために、
クールダウンできる場所を
準備しておくのもよいでしょう。
運動会の場合には、校庭を一度離れて
教室や保健室などに入り、
落ち着いたらまた校庭に戻るようにします。

76 連絡帳　予定を書くのを忘れてしまう

- 連絡帳に予定や持ち物を書き取れない
- 書いても連絡帳をみるのを忘れてしまう
- 授業中も板書がうまくできない
- 内容が複雑になると書き取れない

明日の予定は……

隠れた要因

うまく書けない場合と、うまく理解できない場合がある

優先順位をつけることが難しい [実行機能●優先順位]	書くことが苦手で予定が書けない [運動機能●両手動作]	聴覚的な指示理解の困難さ [高次脳機能●言語機能]	ワーキングメモリが弱い [実行機能●作業記憶]

視点

　学校生活では連絡帳を使って、授業の予定や持ち物を忘れないようにする必要がありますが、連絡帳に内容を書く場面で別のことをしていて、予定を書き忘れてしまう子がいます。

　まず考えられるのが、おこなうべき課題とやりたい課題に対して、優先順位をつけることが苦手である可能性です。この場合は予定を書けても、帰宅後には別のことに気をとられ、予定をみるのを忘れてしまいます。

　また、両手の不器用さがあり、上手に書けないことが嫌で、予定を書き取ろうとしないという可能性も考えられます。

　文字で書いてあれば理解できるものの、口頭の指示だけのときは耳に残りにくく、指示内容が聞き取れないという場合もあります。

　通常の指示は書き取れても、指示内容が多くなったり複雑になったりすると予定の把握が難しくなって書けなくなるという場合には、聞き取りというよりも、ワーキングメモリの課題としてとらえるようにしましょう。

合理的配慮の例

端的な内容で箇条書きに

不器用さがある場合、メモの内容をできるだけ
端的にして、箇条書きにできるようにしましょう。
「みやすい」「わかりやすい」「書きやすい」という効果が
期待できます。
予定を伝える時間は一定にしたり、
書けているかを確認できるとよいでしょう。

グループで 助け合えるように

1人で書くのが難しい場合には、
予定を書き取るときにグループで
確認しあえるようにするのもよいでしょう。
まわりの人の力を借りて、予定を確認できます。

予定表をプリントして渡す

不器用さがあって、書くこと自体が難しいのであれば、
予定自体の書き取りをなくし、
写真撮影を許可したり[32参照]、プリントを配付する、
保護者にメールなどで伝える[78参照]ことを
検討します。

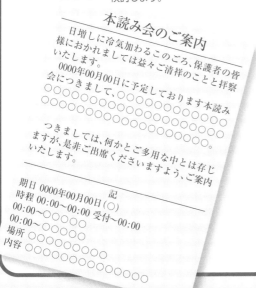

連絡帳をしまう位置を 工夫する

連絡帳をみることを忘れてしまう場合には、
ランドセルやカバンを開ける際に必ず目に入る位置に
連絡帳を入れるようにしましょう。

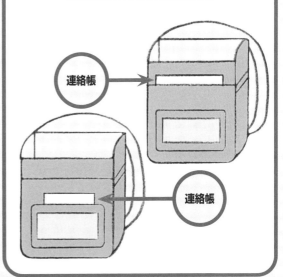

77 連絡帳　帰宅後にやることを確認しない

宿題や翌日の持ち物を用意するのを忘れる
暗算や板書の書き取りが苦手
遊んでいるうちにやるべきことを忘れる

隠れた要因

実行機能の弱さが考えられる

ワーキングメモリが弱い	帰宅後にやるべきことの計画を立てられない	優先順位をつけることが難しい	興味が移り変わりやすい
［実行機能●作業記憶］	［実行機能●計画立案］	［実行機能●優先順位］	［実行機能●注意機能］

視点

　帰宅後にやるべきことがあるのに忘れてしまう場合には、ワーキングメモリの弱さや計画を立てることの難しさが影響していると考えられます。宿題をしなかったり、宿題を済ませてもランドセルやカバンに入れ忘れたりすることがあります。また、翌日に必要な持ち物を用意することが抜けてしまって、学校で忘れ物に気付くこともあります。ワーキングメモリは、学習でも重要な役割をになっています。例えば、暗算のように頭のなかで数を操作するときや、板書などで内容をある程度覚えながら書き写すときなどにも、苦手さがみられるでしょう。

　他には、優先順位をつけることが難しく、友達と遊んだり、ゲームをしたり、テレビをみたりしているうちに、やるべきことを確認すること自体がおろそかになってしまう場合も考えられます。また、不注意なために、やりたいことが次々と移り変わり、おこなうべきことが抜け落ちてしまう、ということも考えられます。

合理的配慮の例

帰宅後の行動を書き出す

帰ってきてからやるべきことを、一つひとつ文字にして書き出して計画し、
ワーキングメモリを使う必要性を減らしましょう。行動を具体的に示します。
例えば「❶もらってきたプリントを食卓テーブルに置く、❷明日の持ち物を準備する」というふうに、
順番をつけて行動を整理するとよいでしょう。

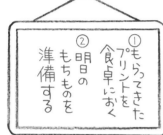

チェックシートをつくる

不注意によって次から次へと
作業が移り変わってしまう場合には、
1つのことが終わったらチェックできるように、
シートをつくって確認しましょう。

チェックシート

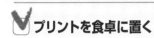 プリントを食卓に置く

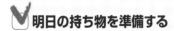 明日の持ち物を準備する

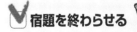 宿題を終わらせる

☐ 明日の持ち物・宿題を
ランドセルに入れる

付箋を貼る

帰宅後に、ノートや教科書のやるべきところの位置に
付箋を貼っておくと、
本人がやるべきことに気付きやすくなります。
先生が指示するときに、
確認が必要なものと提出するものなどを
色分けして提示したり、付箋を貼ることをうながしたり、
手伝ったりするとよいでしょう。

78 連絡帳 保護者に配布物を出し忘れる

もらったプリントを出し忘れる

帰宅すると、やりたい遊びを始めてしまう

話したいことに夢中でプリントを忘れる

隠れた要因

プリントよりも別のことに意識が集中している

| 注意がそれて出し忘れる [実行機能●注意機能] | ワーキングメモリが弱い [実行機能●作業記憶] | 話したいことに気持ちが向いてしまう [実行機能●感情抑制] | みえたものに反応して遊んでしまう [実行機能●感情抑制] |

視点

　学校でもらったプリントを保護者に出し忘れることが多い場合には、ワーキングメモリなどが関係しています。受け取ったことは覚えていても、帰ってきてすぐに出すことができず、帰ってきたことで注意がそれ、次になにをしようかと考えてしまい、それまで考えていたことを忘れる場合があります。

　また、本人が話したいことや遊びたい物に気をとられて、プリントや渡すべき物へ気が回らず、そのまま忘れてしまうということもあります。これはワーキングメモリや実行機能の感情抑制・反応抑制の弱さと考えられます。

　子どもは、学校と保護者との連絡の橋渡しをになっています。プリントの出し忘れによって、保護者に情報が伝わらず、トラブルに発展してしまう場合もあります。子ども本人がプリントを保護者に確実に届けられるようにするためにプリントをランドセルに入れたかを確認したり、余裕をもった提出期限を設けるなど工夫も大切ですが、保護者に情報を伝えることが重要なときには、プリント以外の方法で連絡をとることも必要です。

合理的配慮の例

ランドセルやカバンに目印をつける

プリントをもらったときは、ランドセルやカバンに紐などで目印をつけるようにします。
本人が自分でできればよいのですが、難しければ先生も手伝いましょう。
本人と保護者がプリントの有無をみて確認できるようになり、プリントの出し忘れの予防につながります。

習慣が定着するまで手伝う

目印をつけることなど、予防策をとる場合には、子どもにただ方法を教えるだけではなく、習慣が定着するまで声かけをしたり、手伝ったりして、サポートするとよいでしょう。

プリント以外の手段を活用する

重要な連絡においては、あらかじめ家族との合意のもと、学内の緊急連絡手段などを活用して、直接連絡できるようにしましょう。
子どもがプリントを出し忘れても、保護者に内容が伝わるようにしておきます。

連絡のタイミングを調整する

重要なことを確実に伝えるために、1〜2か月前から前もってプリントで連絡し、1〜2週間おきに子どもに確認するなどの方法をとるのもよいでしょう。
何度も注意喚起をすることで、重要な内容だと意識させることができます。

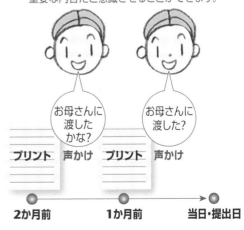

迷子になる

いつもと違う道を歩くと、道に迷ってしまう
自分のいる場所を人に伝えることができない
道を覚えるのが苦手

コインパーキ
10分 600

隠れた
要因

空間認知能力や場所の記憶力が低い

変化に対応するのが難しい [実行機能●柔軟性]	空間認知能力が低い [高次脳機能●空間認知]	ワーキングメモリが弱い [実行機能●言語機能]	場所の名前を覚えることが苦手 [高次脳機能●言語機能]

視点

通学路に通い慣れていても、ある日突然、迷子になってしまうという場合があります。どの道を通ってきたのかがわからなくなり、いまいる場所を正しく伝えることもできなくて、迷子になってしまうのです。

その場合、1つのルートだけを単純に覚えている可能性が考えられます。普段通っている道はわかるのですが、道路工事などで普段使っている道が使えないと、変化に対応することが難しくて、混乱してしまいます。また、自分がどの方向に向かって歩いているのかを理解し、どの方向に行けば目的地に近付くのかを考えるときには、空間的な理解が求められます。そこに弱さがある場合も、迷子になりやすくなります。

また、場所の名前を覚えてルートを理解するのではなく、道の途中で目印をみつけ、それを頼りに歩いている場合には、目印を見失うと、どこにいるのかがわからなくなってしまいます。迷子になったことをとがめるのではなく、迷子になっても正しい道に戻れる手段をもつように支援しましょう。ルートを一緒に確認し、意識をうながすことも大切です。

合理的配慮の例

グループ下校をうながす

学年単位では授業の終了時間が同じなので、
グループ下校をうながすのもよいでしょう。
他の子と一緒に道を確認しながら帰ることができ、
違う道に行きそうになっても、未然に予防できます。

地図に目印を多めに記す

登下校のルートを地図で示す場合、
交差点にある目印を記すことが多いのですが、
道の途中でも子どもが容易にみつけられる
目印を多めに示すとよいでしょう。
子どもがルートを理解しやすくなります。

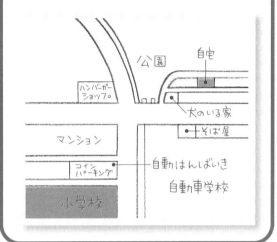

道や交差点に名前をつけて教える

帰り道にある小道や交差点に
「ワンワン通り」「バーガー交差点」「ジュース道路」
などの愛称をつけて教えます。
子どもは自分がどの道を通り、
どの角を曲がっているのかを認識しやすくなります。

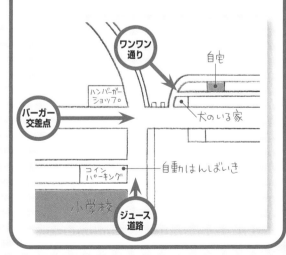

日頃から方向を意識させる

公園や道路の位置関係などを言葉に出して説明し、
確認する機会をつくりましょう。
例えば「公園がみえるね。公園は家と同じ方向かな?
それとも逆方向かな?」というように問いかけます。
日頃から方向を意識するようになり、
位置関係を覚えやすくなります。

80 下校 寄り道をする

興味のある物をみつけると我慢できない

作品を完成させる前に
違うことに手をつけてしまう

友達との約束を忘れてしまうことが多い

隠れた要因

道はわかっているが、周囲の物に気を奪われやすい

衝動性が高く、我慢が苦手 ［実行機能●反応抑制］	自分がするべきことを把握できていない ［実行機能●自己監視］	まわりの物が気になってしまう ［実行機能●注意機能］	抽象的な指示を理解することが難しい ［高次脳機能●言語機能］

視点

突然、立ち止まって、別の道が気になってしまったり、集団から離れてしまう場合には、興味のあることを我慢する反応抑制が弱いことや、自分がするべきことが把握できていないことが考えられます。下校中であるにもかかわらず、公園で遊びたくなって1人駆け出してしまうかもしれません。もしくは、いつもはまっすぐに帰れていても、途中で散歩している犬などが気になったり、知り合いの大人をみつけたりなど、環境の変化によって寄り道をしてしまうかもしれません。

また、「ちゃんとお家まで帰ろうね」などの「ちゃんと」といった抽象的な言葉が理解しにくいために、寄り道をしてしまう場合もあります。家につくまで寄り道をしてはいけないことの理由を、正しく理解できていないというケースです。

寄り道をすることで、事件や事故に巻き込まれることもあります。自分から寄り道をしなくなるための工夫や、してはいけないことを我慢する力が養えるようにかかわりましょう。

合理的配慮の例

まわりの人の力を借りる

同じ方向に家がある友達と一緒に下校する
などの方法で、本人にとって、寄り道をするよりも
楽しい時間になるようにすることで、
寄り道を防げることもあるでしょう。

具体的な指示をする

「家に帰るまでは、公園やお友達の家に
行ったりしないようにしてください」など、
具体的な指示をする必要があります。

通学路の変更を検討する

特定の場所で注意がそれやすかったり、衝動的な行動がみられたりする場合は、
危険なことも考えられるため、通学路を変更してその場所を避けることを学校と協議します〔1、81参照〕。
寄り道を行動として抑制するのではなく、衝動的な行動が出にくい環境を整えます。

買い食いをする

下校中の買い食いを我慢できない
下校中にゲームセンターに行ってしまう
給食での好き嫌いや食べ残しが多い
給食を友達にあげている

隠れた要因

我慢が苦手か、食事量が足りないか

衝動性が高く、我慢が苦手
[実行機能●反応抑制]

お金のルールを守ることができない
[高次脳機能●言語機能]

触覚や味覚などの感覚に敏感
[感覚処理パターン●感覚過敏]

空腹に耐えられない
[実行機能●感情抑制]

視点

　下校中にお金を使ってなにかを買って食べたり、友達とゲームセンターに行ってお金を使ってしまったりするなどの困りごとには、感情や行動を抑制できないことが影響しています。お金を使うのはルール違反だとわかっていて、大人と約束をしていても、自分自身をコントロールすることが苦手なのかもしれません。この場合、何度もいって聞かせたり、約束をして守らせようとすることだけでは、問題が解決しない可能性も考えられます。

　また、味や食感の苦手な食べ物があり、給食を食べきることができないため、お腹が空いてしまっているという可能性もあります。食が細く、一度にたくさん食べられないために、途中でお腹が空いてしまっていることもあるかもしれません。食べ残しが多くないか、友達にあげたりしていないかなど、日頃から様子をみてみましょう。

合理的配慮の例

お金を持ち込んでいないか確認する

学校にお金を持ってくることは
禁止されている場合が多いのですが、
隠れて持ってきているかもしれません。
お金のことは家庭で管理するのが第一ですが、
必要に応じて学校でも確認しましょう。
下校をともにするお友達がいれば、
さりげなく確認してもらうのもよいでしょう。

給食以外の物を食べられるようにする

好き嫌いが多く、給食を満足に食べられない場合には、
本人が食べられる物を持参して
別な場所で食べるなどの方法を考える必要があります。
この場合も、保護者との相談が必要です。

間食をとれるように配慮する

食が細く、給食時間に一度に食べられないために、
途中でお腹が減ってしまうことが
要因になっているようであれば、
中休みなどに職員室で間食をとるのもよいでしょう。

通学路を変更する

学校から自宅へ帰る途中で
買い食いをしてしまうことが続いている場合には、
食べ物を購入する店が目につかないルートに
通学路を変更するのもよいでしょう。
買い食いする機会を自然に減らしていけます。
この場合も、保護者と学校側との相談が
必要になります［1,80参照］。

「保護者シート」ダウンロードのご案内

『教師が活用できる 親も知っておきたい 発達が気になる子の学校生活における合理的配慮』で
紹介している保護者シートについて、保護者シート原本と本文にある81場面の記入例を記載した
保護者シートをダウンロードすることができます。
ダウンロード後、お使いのコンピュータにファイルを保存し、ご活用ください。

収録内容
付録Ⅰ●保護者シート原本01[PDF] **保護者シート原本01**[Excel]
付録Ⅱ●保護者シート記入例1_25[Excel]
付録Ⅲ●保護者シート記入例26_48[Excel]
付録Ⅳ●保護者シート記入例49_68[Excel]
付録Ⅴ●保護者シート記入例69_81[Excel]

＊ダウンロード時の通信料はお客様のご負担となります。
＊本書をご購入後、早い段階でのダウンロードをお願いいたします。
　本書の改訂や絶版、弊社システムの都合上などにより、予告なくサービスを終了させていただく場合があります。
　予めご了承ください。

ファイルのダウンロード方法

パソコンはWindows 10、ブラウザはInternet Explorer 11.0を例に説明します。

パソコンのブラウザのアドレスバーに次のダウンロードページのURLを入力してください。

https://www.chuohoki.co.jp/movie/8159

＊中央法規コーポレートサイトからはダウンロードページにアクセスできません。
　上記URLを直接入力してください。

②

ダウンロードしたいファイルのリンクをクリックしてください。
ここでは「保護者シート原本ファイル01(PDF)」をダウンロードしてみます。

③

自動的にダウンロードが開始されますので、ファイルを開く際にパスワードを入力してください。

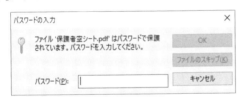

パスワード●P!stuwRA

動作環境

閲覧機器●
パソコン、タブレットにてファイルをご覧いただけます。スマートフォンでの閲覧は保障いたしません。

推奨OS、ブラウザのバージョン●
Windows8.1-Internet Explorer 11.0●**Windows10**-Internet Explorer 11.0,Microsoft Edge
MAC-Safari,Google Chrome,Firefox[OS も含めて最新版のみ]

接続環境●
上記の環境を有する場合でも、お客さまの接続環境等によっては一部の機能が動作しない場合や画面が正常に表示されない場合があります。
また、ダウンロード時の通信料はお客様のご負担となります。

商標●
＊WindowsGの正式名称はMicrosoft® Windows® operating Systemです。
＊Windows 8.1、Windows10、Internet Explorer11.0、Microsoft Edgeは米国Microsoft Corporationの米国およびその他の国における登録商標および商標です。
＊Mac OS、SafariはApple Computer Inc.の米国およびその他の国における登録商標または商標です。
＊ChromeはGoogle Inc.の商標または登録商標です。
＊FirefoxはMozilla Foundationの商標です。

便利なアイテム

合理的配慮をおこなうにあたり、
本文にも登場したグッズをご紹介します。
その他にも、
編著者が開発にかかわったものや、
便利なアイテムを掲載しています。

Qシリーズ

「Qシリーズ」は、不器用さのある幼児や学童の
学習に役立つ補助具として開発された商品です。
鴨下賢一先生が開発に携わっています。

Qデスクシート

Qスケール15

Qコンパス

Qチェアマット

Qカット / Qキャップ

Qキャップ

Qフレーム

Qビーズ

製造・販売●**株式会社ゴムQ**[http://gomuq.com/]

凹凸書字教材シリーズ

鴨下賢一先生が監修する、
読み書きが苦手な子どもたちに向けた
凹凸書字教材シリーズ。
凹凸書字教材シートをはじめ、
漢字カードやドリルなどさまざまな商品がある。

漢字カード

製造・販売●**株式会社オフィスサニー**
[https://www.office-sunny.shop/]

GLOO

"貼る"という作業を見つめなおし、
使いやすいだけでなく、
見た目にもこだわった文房具。

スティックのり

テープのり

テープカッター

製造・販売●**KOKUYO**
[https://www.kokuyo-st.co.jp/stationery/gloo/]

きっちょん

ハサミを開く力を補助するスプリング付きなので、
小さな力でも切りやすい幼児向けの教育ハサミ。
よく切れるステンレス刃はカバー付きで、
押し切り式なので安全。右手用、左手用がある。

きっちょん

製造・販売●**クツワ株式会社**
[https://www.kutsuwa.co.jp/items/class/stationery/
scissors/]

マルチメディアDAISY図書
[わいわい文庫]

指定の再生ソフトがインストールされた
パソコンやタブレット端末で、
目と耳で読書を楽しむことができる
電子図書の国際規格。
通常の書籍を読むことが困難な方向けに開発された。
表記された文書を音声で聞きながら、
画面上で絵や写真をみることができる。
読み上げているフレーズの色が変わるので、
どこを読んでいるのかが一目でわかる。
文字の大きさ、音声のスピード、
文字や背景の色を自分の好みで選べる。
お問い合わせ先●
公益財団法人伊藤忠記念財団
[電話:03-3497-2652 E-Mail:bf-book@itc-zaidan.or.jp]

便利なアイテム

192

おわりに

　本書を通じて、発達が気になる子への「合理的配慮」の必要性を理解し、本当の「平等」の意味を理解していただけたかと思います。本書の執筆は、発達が気になる子どもに、作業療法を通じて生活支援をおこなっている中堅の、今後活躍が期待される方々が担当してくれました。病院や施設のなかだけでなく、実際に学校などを訪問して、医療、福祉、教育の連携に日々努力し、子どもたちの将来に向けた取り組みをおこなっておられます。

　特別支援教育が始まり、障害者差別解消法が施行されてからは、制度上の後押しもあり、"連携"はしやすくなりました。しかし、どの場面においても、「合理的配慮」を理解し実践されている方はごく一部のように感じています。

　子どもとその家族、そして社会を守るためにも、適切な合理的配慮が受けられる環境の充実が求められています。人はひたすら頑張り続けることは難しいものです。必要な支援を個々に受けながら、適切な時期に、その課題に向き合い遂行できる力を身につけていく必要があります。いくら知能や機能が高くとも、適切な時期に適切な配慮を受けることができなければ、発達は阻害され、社会参加を困難なものにするでしょう。適切な合理的配慮を受けられることで、自尊感情の発達も促され、自らチャレンジするようになっていくのです。

　子どもの将来像を見据えながら、幼少期からライフステージごとに必要な課題について、合理的配慮を意識しながら取り組むことで、子どもたちの将来は大きく変わります。それは社会も変わっていくことを意味しています。

　本書では、合理的配慮の対応例だけでなく、保護者が学校などに提出するために参考となる資料も準備しています。この資料を活用することで、子どもが適切に発達しやすい環境や社会づくりに少しでも役立つことを願っています。

鴨下賢一
2020年6月

編著者

鴨下賢一
[かもした・けんいち]

作業療法士。専門作業療法士(福祉用具・特別支援教育・摂食嚥下)。
株式会社児童発達支援協会代表取締役。
1989年静岡医療福祉センター入職。
1993年静岡県立こども病院へ入職、2019年3月に退職。
2019年4月に株式会社児童発達支援協会を設立し、同年7月にリハビリ発達支援ルーム「かもん」を開所。
児童発達支援や放課後等デイサービス等の事業を展開している。
発達に不安や障害のある子どもたちとその家族への療育指導をするかたわら、
特別支援学校等への教育支援、発達障害児に対する福祉機器の開発も数多く手がける。
静岡発達SIG代表、一般社団法人日本作業療法士協会会員、
発達が気になる子への支援を考える会まるえふ代表、
日本発達系作業療法学会副会長。
著書に『苦手が「できる」にかわる! 発達が気になる子への生活動作の教え方』
『学校が楽しくなる! 発達が気になる子へのソーシャルスキルの教え方』[以上編著、中央法規出版]、
『発達が気になる子への読み書き指導ことはじめ』[中央法規出版]、
『発達が気になる子の脳と体をそだてる感覚あそび』
『脳と体をそだてる感覚あそびカード144』[以上編著、合同出版]、
『発達障害の作業療法(基礎編・実践編)』[共著、三輪書店]等。

著者

池田千紗
[いけだ・ちさ]

北海道教育大学准教授。博士号(作業療法学)、特別支援教育士スーパーバイザー(S.E.N.S-SV)。
2010年より一視同仁会札樽すがた医院リハビリテーション部にて
発達障害児の個別作業療法、小集団療育に携わる。
2014年北海道教育大学札幌校特別支援教育専攻特任講師として着任し、2017年より現在に至る。
外部専門家として特別支援学校・特別支援学級・通級指導教室・通常学級への支援や、
特別支援教育に携わる教員の養成を行っている。
一般社団法人日本作業療法士協会会員、一般社団法人日本LD学会会員、
公益社団法人北海道作業療法士会会員、日本アダプテッド体育・スポーツ学会会員、
北海道特別支援教育学会理事。
著書に『発達が気になる子の脳と体をそだてる感覚あそび』
『脳と体をそだてる感覚あそびカード144』[以上共著、合同出版]等。
論文「巧緻動作の困難さを呈する児童に対する評価・支援・指導方法──教師と作業療法士の視点」
「学校教育におけるソーシャルスキルトレーニング──作業療法士の役割」
「知的障害児のトランポリン跳躍姿勢の変化:特別支援学級における体育授業を通して」
「通級指導教室における作業療法士による支援の有用性──
書字の読みやすさ向上のためにホームワークを実施した2症例を通して」等。

荻野圭司
[おぎの・けいじ]

医療法人ひまわり会札樽病院リハビリテーション部作業療法課課長。
多機能型事業所ひまわりコパンの杜保育所等訪問支援員。
2005年4月医療法人ひまわり会札樽病院に入職し、現在に至る。
発達外来にて、主に発達障害児や重症心身障害児・者の支援を行う。
また特別支援教育へ参画し、2008年から外部専門家として特別支援学校を訪問し、
教員と連携しながら相談支援に取り組む。
2017年からは法人内児童デイサービスにて保育所等訪問支援員として
幼稚園や学校に出向き子どもへの支援を行っている。
その他、各施設や団体からの依頼を受けて、
教員や保護者、療育の支援者に向けた研修会講師や地域への啓蒙活動等の講演活動も行っている。
一般社団法人日本作業療法士協会会員、
公益社団法人北海道作業療法士会企画調整委員委員長、日本DCD学会会員、
日本発達系作業療法学会会員、北海道感覚統合研究会会員、北海道作業遂行研究会事務局長、
北海道特別支援教育学会会員。

小玉武志
［こだま・たけし］

社会福祉法人恩賜財団済生会支部北海道済生会西小樽病院みどりの里療育医療技術室課長。
博士（作業療法学）、認定作業療法士、呼吸療法認定士。
2006年に北海道済生会西小樽病院みどりの里に入職し、現在に至る。
施設入所している重度の肢体不自由や知的障害児・者の支援、
発達外来にて地域の発達障害児への支援を行う。
2014年より非常勤講師として作業療法学生に対して人間発達学、発達障害作業療法等の講義を行う。
また、地域の児童発達支援事業所での保護者向け研修の講師や、
学内研修の講師を通じて地域の支援者への啓蒙を行っている。
2017年に2か月間、海外研修生として5カ国をわたり、特別支援教育や福祉施設にて研修を行う。
一般社団法人日本作業療法士協会会員、日本発達系作業療法学会会員、
一般社団法人日本LD学会会員、日本DCD学会会員、北海道感覚統合研究会会員、
公益財団法人北海道作業療法士会論文編集委員。
著書に『発達が気になる子の脳と体をそだてる感覚あそび』
『脳と体をそだてる感覚あそびカード144』［以上共著、合同出版］、
「発達障害分野における道具の活用」『月刊作業療法ジャーナル』52(8).2018［共同執筆、三輪書店］等。
論文「Effects of Seat Cushion Material on Center of Pressure and
Movement Trajectory during a Reaching Task(Asian J Occup Ther 15(1);85-92.2019)」等。

髙橋知義
［たかはし・とものり］

株式会社LikeLab保育所等訪問支援 Switch管理者。
社会福祉法人こぐま学園で14年間作業療法士として勤務。
幼児期から成人期と幅広い年齢を対象に
重度心身障害から発達障害とさまざまな困り感をもつ方々を対象に作業療法を実践する傍ら、
生活介護事業所や就労移行支援事業所の管理者も務めた。
2015年4月に株式会社LikeLabに入社。
「もっと子どもたちの生活の場を知りたい、もっと地域で実践できる作業療法士になりたい」という
思いから保育所等訪問支援事業所Switchを立ち上げ、現在は学校や保育所に訪問して5年が経過、
子どもたちの困り感を支援するために日々奮闘している。
その他、近隣地域の特別支援学校の外部講師専門家活用事業、
アシスティブテクノロジー・アドバイザー育成研修、
長崎大学子どもの心の医療・教育センターで講師を務めている。
一般社団法人日本作業療法士協会会員、日本発達系作業療法学会会員。
著書に『発達が気になる子の脳と体をそだてる感覚あそび』
『脳と体をそだてる感覚あそびカード144』［以上共著、合同出版］、
『作業療法士が行うIT活用支援』［執筆、医歯薬出版］等。
その他特別支援グッズ「Qスプーン」「Qフォーク」の開発・監修。

戸塚香代子
［とづか・かよこ］

社会福祉法人同愛会川崎市中央療育センターリハビリテーション部部長。修士（作業療法学）。
2007年医療法人社団一視同仁会札幌・すがた医院に入職。
Handwritingについて研究し、2011年に修士号（作業療法学）を取得。
2013年に神奈川県横浜ハビリテーションクリニックに入職し、自閉スペクトラム症について学ぶ。
2015年から川崎市中央療育センターに入職し、現在に至る。
0～18歳の児童とその保護者を対象に、
外来リハビリテーションと児童発達支援事業（医療型・福祉型）に携わっている。
その他、自閉スペクトラム症をはじめとする発達障害、知的障害、染色体異常、肢体不自由、難病、
特異的学習障害等の評価や治療に携わる。
2019年5月より一般社団法人神奈川県作業療法士会の理事に就任し、
また同時期に神奈川の作業療法士仲間と共に神奈川発達研究会を立ち上げる。
県士会事業や研究会を通じて広く研修会の企画や運営を行い、また地域の幼稚園の親の会や
小学校通級指導教室での勉強会の講師を通じて地域の支援者への啓蒙を行っている。
一般社団法人日本作業療法士協会会員、日本発達系作業療法学会会員、
一般社団法人日本LD学会会員。
著書に『発達障害支援のマイルストーン──就学支援を中心に
「ASD児への発達特性を生かした発達支援と生活支援」』［執筆、全日本病院出版会］等。

教師が活用できる｜親も知っておきたい
発達が気になる子の学校生活における
合理的配慮

2020年7月30日 初版発行
2024年1月1日 初版第5刷発行

編著者●
鴨下賢一

著者●
池田千紗｜荻野圭司｜小玉武志｜髙橋知義｜戸塚香代子

発行者●
荘村明彦

発行所●
中央法規出版株式会社
〒110-0016東京都台東区台東3-29-1中央法規ビル
Phone.03-6387-3196
https://www.chuohoki.co.jp/

保護者シート作成協力●
佐藤匠

編集協力●
石川智

印刷・製本●
図書印刷株式会社

装幀●日下充典
本文デザイン●KUSAKAHOUSE
イラストレーション●小峯聡子

ISBN978-4-8058-8159-0